Klaus.L.Schulte

Das Earhart Mysterium

2. Auflage Juni 2011

Herstellung: verschiedene Druckereien im Auftrag des Verlags
Verlag: K.L.S.Publishing, Köln
Umschlaggestaltung, Satz und Layout: K.L.S.Publishing, Köln
Text: Neue deutsche Rechtschreibung
Mit 85 Abbildungen.

ISBN-13: 978-3-9811404-1-5 (Druckausgabe)
ISBN-13: 978-3-9811404-4-6 (e-Book)

Bibliografische Information der Deutschen Bibliothek:
Die Deutsche Bibliothek verzeichnet diese Publikation in der deutschen Nationalbibliographie; detaillierte bibliografische Daten sind im Internet unter http://dnb.ddb.de abrufbar.

Inhalt

Für Julia und Daniel

Vorwort

Am 2. Juli 1937 verschwanden die Pilotin Amelia Earhart zusammen mit ihrem Navigator Fred Noonan im Pazifik bei ihrem Versuch, die Welt in Äquatornähe zu umrunden. Sie waren auf dem Flug von Lae, Neu Guinea, nach Howland Island, einer winzigen Insel im Pazifik, kamen dort allerdings nie an. Die Art des Verschwindens, ihre letzten Funksprüche, dann später die angeblichen Hilferufe per Funk, die einige Amerikaner am Radio gehört haben wollen, alles hatte bereits damals etwas Mysteriöses.

Die Suche nach Earhart und ihrer zweimotorigen Lockheed Electra hat bis heute nicht aufgehört. Wenn man bedenkt, dass die Amerikaner zum Mond geflogen sind, ist es nicht verwunderlich, dass man sich bei der Suche nach einem Flugzeug irgendwo im Pazifik nicht geschlagen geben möchte. Wie sagte es ein bekannter Tiefseeforscher noch vor kurzem so treffend im Fernsehen „Ich kann ungelöste Rätsel nicht ausstehen." Auf der anderen Seite muss man sich auch die Besonderheiten des Umfeldes bewusst machen. Dreht man etwa einen Globus so, dass die Mitte des Pazifiks zu einem zeigt, erkennt man meist erst die wirkliche Dimension dieses Raumes. Würde man etwa direkt auf dem Äquator entlang fliegen, so müsste man von den Philippinen bis Ecuador in Südamerika eine Entfernung von 17.600 km (9.500 nautische Meilen) nur über Wasser zurücklegen, dies entspricht ungefähr 44 % des Erdumfangs. Selbst die meisten heutigen Verkehrsflugzeuge können eine solche Entfernung nicht überbrücken, die Non-stop Flugzeit wäre ca. 19,5 Stunden. Hinzu kommt, dass der Pazifik ungeheuer tief ist, in der Umgebung von Howland Island beträgt die Wassertiefe im Mittel ca. 6.000 m (18.000 ft). Die Suche am Meeresboden ist daher auch mit Roboterhilfe letztendlich die nach der viel gepriesenen Stecknadel im Heuhaufen.

Warum dieses Buch? Nun, das vorliegende Buch ist keine neue Biografie von Amelia Earhart, denn hiervon gibt es bereits eine ganze Reihe und einige sind durchaus gut gelungen. Das Buch will sich auch nicht einreihen in die Kette der Bücher, die mit profundem Halbwissen und einem Schuss Spekulation das Rätsel aufgelöst haben wollen. Nein, es ist vielmehr der Versuch einer kurzen Zusammenfassung der bekannten Tatsachen und Hypothesen und der daraus resultierenden Suchaktivitäten und ihrer wesentlichen Ergebnisse. Ein Anspruch auf Vollständigkeit besteht hierbei nicht, dazu ist die Menge der Information zu riesig. Ergänzt wird die Darstellung mit ein paar Überlegungen zum letzten Flug von Earhart und Noonan, die allerdings nicht spekulativer Art sind sondern mit denen versucht wird, zur sachlichen Diskussion beizutragen. Last but not least ist es der Versuch ein Fazit zu ziehen, von all dem was bislang bekannt ist.

Im ersten und zweiten Kapitel findet der Leser eine kurze Biografie von Amelia Earhart, die den Rahmen geben soll für die folgenden Darstellungen. Im dritten Kapitel wird Earharts Weltumrundung inklusive ihres letzten Fluges dargestellt, gefolgt in Kapitel vier von der Darstellung der verschiedenen Hypothesen und Suchaktivitäten, die zum Teil bis heute andauern, inklusive Details, Erklärungen und Kommentaren zum letzten Flug in Kapitel fünf. In Kapitel sechs folgt hinter einer Fiktion von Earharts letztem Flug ein Vergleich der Hypothesen und ein Fazit.

Unter Referenzen findet der Leser ein Reihe von Kopien aus Originaldokumenten und weitere Hinweise, die in jedem Fall helfen können, Ansatzpunkte für eigene Recherchen zu liefern, im Internet oder durch die Lektüre weiterer Bücher. Aus eigener Erfahrung kann ich behaupten, dass Earharts Mysterium spannender ist als die meisten Kriminalromane.

Das Buch setzt keine besonderen Kenntnisse der Luftfahrt voraus, technische Details werden im Buch erklärt. Die englischen Funksprüche wurden bei allen wesentlichen Stellen ins Deutsche übersetzt, die englischen Originale sind ebenfalls zitiert.

Mein Dank gilt allen, die mich beim Verfassen des Buches unterstützt haben. Ich danke insbesondere denen, die mir nach dem Durchlesen des Manuskripts wertvolle Hinweise gegeben haben.

Einleitung

Nachdem im April 2004 vor der Küste von Marseille die Absturzstelle von Saint-Exuperys 1943 verschollener Lockheed P38 Lightning nach mehr als einem halben Jahrhundert nunmehr unzweifelhaft aufgeklärt werden konnte, rückt für Interessierte eine andere, nicht weniger spektakuläre Suche nach einem historischen Flugzeug erneut in den Fokus: die Suche nach Amelia Earharts Electra 10E, verschollen am 2. Juli 1937 im Pazifik.

Amelia Earhart, eine Aviatrice der 1920er und 1930er Jahre, ist seinerzeit zumindest in Amerika genauso bekannt wie Charles Lindbergh, weshalb sie von der Presse auch "Lady Lindy" genannt wird.

Bereits 1928 hat sie sich als Fliegerin einen Namen gemacht, weil sie als erste Frau von Amerika nach Europa über den Atlantik geflogen war. Zwar pilotiert sie das Flugzeug - eine Fokker Trimotor mit Namen Friendship - gar nicht selbst sondern ist lediglich Passagier bei Wilmer L. Stultz als Pilot und Louis E.Gordon als Copilot, aber sie erntet letztendlich den Ruhm. Eingefädelt worden war das Ganze durch George Palmer Putnam, der zu dieser Zeit nach dem Tod seines Vaters den Zeitungsverlag G.P. Putnam's Sons Publishing Company in New York City leitet und später im Februar 1931 ihr Ehemann wird.

Amelia Earhart ist Ruhm nicht genug, sie will auch als Pilotin anerkannt werden und nach einer Reihe von Rekordflügen in den Vereinigten Staaten fliegt sie noch einmal im May 1932 im Alleinflug mit ihrer Lockheed Vega von Neufundland nach Londonderry in Nordirland. Weitere spektakuläre Flüge folgen, so fliegt sie als erste 1935 mit ihrer Vega von Honululu nach Oakland, Kalifornien. Später im selben Jahr folgt sie einer Einladung nach Mexiko und fliegt ebenfalls mit ihrer Vega im Direktflug von Burbank in Kalifornien nach Mexiko-Stadt. Von dort meistert sie anschließend die Strecke nach Newark über den Golf von Mexiko: 1824 nautischen Meilen. In der Mitte der 30er Jahre ist sie nun auf dem Gipfel ihres Ruhmes, in den Medien bestens bekannt, vom Volk als Heldin bewundert, geliebt und mit besten Verbindungen bis hin zum amerikanischen Präsidenten Roosevelt.

Doch all das ist ihr noch nicht genug. Vielleicht will sie es ihren männlichen Fliegerkollegen gleichtun - ihr Freund Wiley Post ist mit seiner Vega bereits zweimal um die Welt geflogen - jedenfalls plant sie 1936 eine Weltumrundung entlang des Äquators mit einem der neuesten Flugzeuge seiner Zeit, einer zweimotorigen Lockheed Electra 10E. Ein erster Versuch in Westrichtung scheitert im März 1937 bei einem Startunfall auf Hawaii. Sie lässt ihre Electra reparieren und startet diesmal nahezu unbemerkt von der Presse zu einem zweiten Versuch, diesmal in östlicher Richtung. Ende Juni 1937 kommt sie in Lae, Neu Guinea an. Dreiviertel ihres Weltfluges sind geschafft, es liegen „nur" noch die drei restlichen Strecken über den Pazifik vor ihr.

Am 1. Juli 1937 startet sie in Lae mit drei Tonnen Flugbenzin an Bord zu einem 4.113 km langen Flug nach Howland Island, einer winzigen Sandbank im Pazifik. Dort wartet das amerikanische Küstenschiff ‚Itasca' mit Nachschub. Die Itasca soll außerdem per Funk Earhart Peilungen zur Insel hin ermöglichen, da mit anderen Navigationsmethoden die Insel nicht sicher zu finden sein würde. Earharts Electra ist zu diesem Zweck mit einem Radio Direction Finder ausgestattet, einem brandneuen Prototyp. Doch der Funkkontakt kommt nur schwerlich zustande und alle Peilmethoden versagen. Nach einem letzten Funkspruch um 8:43 Ortszeit ist von Earhart und ihrem Astronavigator Noonan fortan nichts mehr zu hören.

Es beginnt die Zeit der wochenlangen Suche nach Earhart/Noonan und der Electra durch die US Navy, am Ende ist man erfolglos. Begleitet ist die Suche von allen möglichen Spekulationen, einige wollen in Überreichweite Earhart am Radio gehört haben, andere meinen, sie sei von den Japanern gefangen genommen worden.

Bis zum heutigen Tag haben private Suchteams und Forscher immer wieder neue Hypothesen aufgestellt und versucht, das Rätsel zu lösen. Aber es ist ein bis heute ungelöstes Mysterium, das Earhart Mysterium.

Kapitel 1: Die Jahre 1897–1923

Die frühen Jahre

Amelia Earhart wird am 24. Juli 1897 im Provinznest Atchison, Kansas, im Haus ihrer wohlhabenden Großeltern geboren. Amelias Großvater mütterlicherseits ist Alfred Otis, ein pensionierter Richter, der in Atchison hohes Ansehen genießt. Amelias Vater ist Edwin Earhart, ihre Mutter Amy Earhart. Angeblich war Alfred Otis nicht mit Edwins beruflichem Erfolg als Rechtsanwalt zufrieden, was am Ende zur Zerrüttung von Amelias Familie beigetragen haben soll. Einige Biografen gehen so weit, zu behaupten, dass die ablehnende Haltung ihres Großvaters ihrem Vater gegenüber sie ihre ganze Kindheit hindurch und auch noch später während ihrer Pilotenkarriere bedrückt haben soll.

Kindheit und Schule

Als Kind spielt sie (‚Millie') die meiste Zeit zusammen mit ihrer kleinen Schwester Muriel (‚Pidge'). Sie geht dabei nicht zimperlich mit ihr um und ist wohl auch sonst eher burschikos, klettert auf Bäume und jagt Ratten mit einem Gewehr.

Im Alter von zehn Jahren (1907) sieht sie zum ersten Mal in Des Moines, Iowa, auf einer Messe ein Flugzeug. Später beschreibt sie es als „... ein Ding mit rostigen Drähten und Holz und überhaupt nicht interessant."

Amelia ist zwölf, als ihr Vater Edwin, der es bis zur unteren Leitungsebene einer Eisenbahngesellschaft geschafft hat, weiter befördert wird und sich die finanziellen Verhältnisse verbessern. Jedoch stellt sich bald heraus, dass Edwin Alkoholiker ist.

Fünf Jahre später, im Jahre 1914, wird Edwin bei der Rock Island Railroad Company entlassen und Amy nimmt ihre beiden Töchter Amelia und Muriel zu sich und zieht zu Freunden nach Chicago. Sie schickt die beiden Mädchen auf Privatschulen und verwendet dafür das Geld aus dem Trust ihres Großvaters Alfred.

Amelia schließt im Juni 1916 - also mit neunzehn Jahren - ihre Ausbildung auf der Hyde Park High School in Chicago ab. Sie schreibt sich auf der Ogontz School in Rydel, Pennsylvania, ein, wo sie nur ein Semester bis zum Dezember 1917 bleibt.

Erste eigene Wege

1917, nach dem Verlassen der Ogontz School und im dritten Jahr des Ersten Weltkriegs, reist sie nach Kanada, um ihre Schwester zu besuchen, die dort zur Schule geht.

Sie absolviert beim Roten Kreuz ein Training als Hilfskrankenschwester und arbeitet als Freiwillige am Spadina Militärkrankenhaus in Toronto, Ontario, bis zum Kriegsende im November 1918. Sie schreibt später darüber in ihrer Autobiografie[1]:

"Dort erfuhr ich zum ersten Mal, was der Weltkrieg eigentlich bedeutete. Anstatt neuer Uniformen und Militärkapellen sah ich nur das Resultat von vier Jahren verzweifeltem Kampf. Männer ohne Arme und Beine, Männer die paralysiert und solche die blind waren."

Abbildung 1: Amelia als Hilfskrankenschwester in Kanada

Sie zieht für kurze Zeit nach Northampton in Massachusetts, um einen Kurs für Motorenmechaniker zu absolvieren. Später entscheidet sie sich, doch lieber Medizin studieren zu wollen.

Es ist 1919 und Amelia Earhart hat sich an der Columbia Universität für einen Vorbereitungskurs zum Studium der Medizin eingeschrieben. Ein Jahr später bricht sie ihr medizinisches Grundstudium ab, um ihren Eltern zu folgen, die in Kalifornien wieder zusammengefunden haben.

[1] zitiert aus ihrem Buch ‚The Fun of It' [2]

Earharts Flugausbildung

Etwas später, es ist in Long Beach, besucht sie zusammen mit ihrem Vater eine Flugshow einiger Stuntpiloten. Amelia ist überaus beeindruckt. Bereits am nächsten Tag fliegt sie in Glendale zum ersten Mal selbst für zehn Minuten als Passagier in einem Flugzeug. Ihr Pilot ist Frank Hawks, der später mit eigenen Rekordflügen bekannt wird. Ihre Entscheidung steht schnell fest, sie will fliegen lernen.

Sie nimmt ihre erste Flugstunde auf dem Kinner Field in der Nähe von Long Beach. Ihre Fluglehrerin ist Anita (,Neta') Snook, eine der ersten Frauen in der amerikanischen Luftfahrt.

Abbildung 2: Anita (,Neta') Snook und Earhart
(Foto: Mit freundlicher Genehmigung der Purdue Universitätsbibliothek)

In den nächsten Monaten nimmt Amelia Earhart weiterhin regelmäßig Flugstunden bei Anita Snook. Nebenher hat sie eine ganze Reihe von Jobs, um das nötige Geld zusammen zu bekommen. Ihre Mutter Amy, die mittlerweile geerbt hat, schenkt ihr zu ihrem 25.Geburtstag, dem 24. Juli 1922, ein eigenes Flugzeug. Es ist eine gelbe Kinner Airster und Amelia tauft das Flugzeug „Canary" (Kanarienvogel).

Abbildung 3: Kinner Airster, Earharts erstes Flugzeug

Im Folgenden ein paar Daten der Kinner Airster: Das erste Modell, die K-1 von 1920 wird von einem 60 PS Lawrance L-4 angetrieben. Die Spannweite beträgt etwa 8,5 m, die Länge etwa 6,5 m. Die Reichweite war angeblich maximal 420 Meilen (670 km) bei einer Tragkraft von maximal 200 kg. Es wurde damals für US$ 2.500,- verkauft. Der Prototyp crashte beim ersten Testflug. Er wurde danach mit einigen Verbesserungen als K-2 wieder neu aufgebaut, unter anderem mit einem größeren Cockpit, sodass zwei Personen Platz hatten. Spätere Modelle hatten einen sperrholzverkleideten Rumpf, was dem Typ den Spitznamen "Crackerbox Airster" gab. Sie wurden von einem 60 PS starken Drei-Zylinder-Sternmotor (Anzani oder Kinner) angetrieben. Aus heutiger Sicht war die Kinner ein Ultraleichtflugzeug.

Am 22. Oktober 1922 steigt Earhart mit der Kinner Airster bis auf eine Höhe von 14.000 Fuß (4.267 m) und stellt damit ihren ersten Rekord, nämlich einen Höhenrekord für Frauen auf.

Am 15. Mai 1923 erhält Amelia Earhart als weltweit sechszehnte Frau eine Pilotenlizenz von der damals einzigen Behörde für Fluglizenzen, der Fédération Aéronautique Internationale (FAI).

Kapitel 2: Die Jahre 1924–1935

Der Weg zum Ruhm

Mit Höhenrekorden konnte man damals wie heute kein Geld verdienen. Earhart verkauft ihren ‚Canary' und kauft stattdessen einen gelben Kissel Roadster, den sie "the Yellow Peril" (die gelbe Gefahr) tauft.

Abbildung 4: Kissel Speedster von 1921

Ein Grund für den Verkauf ihres Flugzeuges ist sicher auch die Scheidung ihrer Eltern im Jahr 1924. Ihre Mutter Amy hatte zu dieser Zeit von ihrer Erbschaft nicht mehr viel Geld übrig. Amelia fährt ihre Mutter in ihrem Kissel Roadster quer durch die Staaten nach Medford, Massachusetts, wo sie zunächst Immigranten Englischunterricht gibt und dann 1925 eine Anstellung als Sozialarbeiterin im Denison House in Boston annimmt.

Earhart wird Mitglied der National Aeronautic Association Boston und investiert ihr weniges Geld in die Errichtung von Flugplätzen und unterstützt ferner den Verkauf der Kinner Flugzeuge im Bostoner Raum, indem sie auf dem Denison Airport die Kinner Flugzeuge vorführt.

Außerdem schreibt sie Zeitungsartikel über das Fliegen und wird bald zu einer bekannten Größe der frühen Luftfahrt, die das Fliegen an sich unterstützt und insbesondere auch Frauen immer wieder dazu anhält, es zu erlernen.

Nach Einschätzung des Boston Globe ist sie "eine der besten weiblichen Piloten in den USA", obwohl diese Charakterisierung in den Jahrzehnten danach von Luftfahrtexperten und anderen erfahrenen Piloten stark relativiert wird.

Nachdem Charles Lindbergh erfolgreich allein 1927 quer über den Atlantik fliegt, ist Amy Guest, eine wohlhabende Amerikanerin wohnhaft in London, interessiert, als erste Frau über den Atlantik zu fliegen (oder alternativ geflogen zu werden). Nachdem sie entscheidet, dass der Flug für sie selbst zu gefährlich sei, bleibt sie trotzdem bei ihrem Vorhaben und will einen solchen Versuch auf jeden Fall als Sponsor finanzieren. Gesucht wird eine Frau mit dem richtigen Image.

Während ihrer täglichen Arbeit erhält Earhart eines nachmittags im April 1928 einen Anruf von Captain H.H.Railey, einem Unbekannten. „Wollen Sie als erste Frau über den Atlantik fliegen?", fragt er sie. Earhart ist interessiert.

Der erste Atlantikflug

Es finden schnell Gespräche mit den Koordinatoren des Projekts statt, wobei sich herausstellt, dass dabei der Verleger und Publizist George P. Putnam die Fäden zieht. Man fragt sie, ob sie als Passagier zusammen mit den Piloten Wilmer Stultz und Copilot und Mechaniker Louis Gordon über den Atlantik fliegen will. Sie sagt kurz entschlossen zu.

Abbildung 5: Earhart auf der Fokker Friendship in Trepassey Harbor
(Foto: Sammlung der Purdue Universität)

Das Team verlässt am 17. Juni 1928 in einer dreimotorigen Fokker Friendship (F7) Trepassey Harbor in Neufundland und erreicht 21 Stunden später England nahe dem Hafen von Burry Port in Wales.

Der Flug wird ausschließlich von Wilmer ('Bill') Stultz und Louis (‚Slim') Gordon bestritten. Sie schreibt trotzdem als Scherz in das Fluglogbuch: "Derjenige, der unser Wrack findet, soll wissen, dass unser Misserfolg allein durch mich verursacht war, weil ich für eine Stunde im Sturm die Orientierung verlor." Sie fliegt selbst als Pilotin nur eine kurze Passage auf dem Flug von Burry Port nach Southampton, dem ursprünglichen Ziel der Reise.

Abbildung 6: Earhart, Stultz und Gordon beim Anlanden in Southampton, England (Foto: Mit freundlicher Genehmigung der Purdue Universitätsbibliothek)

Zurück in den Staaten wird die Crew genau wie Lindbergh mit einer Konfettiparade begrüßt und durch Präsident Calvin Coolidge im Weißen Haus empfangen. Obwohl Stultz und Gordon eigentlich diejenigen waren, die den Flug zu einem Erfolg machten, ist Amelia nun die Person, die durch den Flug schlagartig berühmt wird. Die Zeitungen im ganzen Land berichten über den Atlantikflug der Amelia Earhart. Auf Grund einer gewissen Ähnlichkeit mit Lindbergh ("Lucky Lindy"), sie ist wie Lindbergh groß gewachsen, wird sie von der Presse schnell "Lady Lindy" getauft und als Folge auch in der Öffentlichkeit bald so genannt und mit Sympathie überschüttet.

Das Erlebnis ihres Atlantikfluges hält sie in ihrem ersten Buch *„20 Hrs., 40 Min.: Our flight in the Friendship“* fest, das 1928 mit Unterstützung durch G.P.Putnam bei der National Geographic Society veröffentlicht und zum Bestseller wird. Sie wird daraufhin Luftfahrtjournalistin bei Cosmopolitan und außerdem Vizepräsidentin bei Ludington Airways, einer kleinen Fluggesellschaft (später National Airways).

In England hatte sie nach dem Atlantikflug von Lady Mary Heath einen Avro Avian Doppeldecker gekauft, mit dem sie eine Zeit lang quer durch die USA fliegt und das Leben einer Vagabundin führt. Sie landet und startet bei Bedarf einfach auf der Hauptstraße von Ortschaften.

Abbildung 7: Zehn Teilnehmerinnen am Cleveland Women's Air Derby 1929, Earhart ist in der Mitte rechts neben Vera Dawn Walker (schwarzes Kleid) zu sehen (Foto: Louise Thaden)

Im darauffolgenden Jahr, 1929, nimmt Earhart am ersten Flugwettbewerb nur für Pilotinnen teil, dem Cleveland Women's Air Derby, einem Wettflug von Santa Monica, Kalifornien, nach Cleveland, Ohio. Welchen Stellenwert dieser Wettbewerb bei männlichen Piloten hat, kann man am besten an Will Rogers Bezeichnung hierfür ablesen, der es despektierlich das "Powder Puff Derby" also im Deutschen etwa Puderdosenwettrennen nennt.

In Yuma, Arizona, geschieht Earhart auf dem losen Sand des Flugfelds ein Missgeschick bei der Landung und das Flugzeug dreht sich auf die Nase. Earhart fliegt zum ersten Mal eine von Lockheed zur Verfügung gestellte Lockheed Vega und belegt am Ende den dritten Platz.

Am 6. Juli 1930 stellt sie mit der Lockheed Vega einen Geschwindigkeitsrekord für Frauen auf: 181 mph (291 km/h). Sie wird Gründungsmitglied der Ninety-Nines, einer internationalen Organisation weiblicher Piloten und ist bis 1933 ihre Präsidentin. Sie engagiert sich außerdem bei Zonta International, einem Serviceklub für berufstätige Frauen.

In dieser Zeit ist sie eine Zeitlang mit Samuel Chapman, einem Bostoner Staatsanwalt verlobt. Inzwischen wird sie von G.P.Putnam massiv gefördert, der schon damals ein Meister des Merchandisings ist. Er sorgt für die Verlegung ihres ersten Buches, organisiert Autorenlesungen und verschafft ihr Werbeauftritte natürlich nicht im Fernsehen, denn es ist noch nicht verbreitet, sondern in Presse und Rundfunk. Amelia macht Werbung für Reisegepäck, Zigaretten (obwohl sie selbst nicht raucht), Pyjamas und weibliche Sportkleidung.

Bei all diesen Gelegenheiten kommen sich Amelia und George P. auch persönlich näher und nach anfänglich spürbarem Zögern ihrerseits (GP hält angeblich sechsmal um ihre Hand an) heiratet sie am 7. Februar 1931 den Verleger und Publizisten George Palmer Putnam.

Earhart bezeichnet ihre Ehe als Partnerschaft zwischen zwei gleichgestellten Partnern und wie es aussieht, hat sie auch auf einer „offenen Ehe" bestanden. In einem Brief an Putnam kurz

Abbildung 8: Earhart und G.P.Putnam
(Foto: Purdue Universität)

vor der Hochzeit schreibt sie: "Ich will, dass du dich nicht auf Grund eines mittelalterlichen Vertrauenscodes an mich gebunden fühlst, noch will ich selbst auf diese Weise an dich gebunden sein." [2]

Später im Jahr ihrer Hochzeit erlernt sie in kurzer Zeit das Fliegen mit einem Autogyro, einem Luftfahrzeug, das ähnlich wie ein Hubschrauber durch einen horizontalen Rotor in der Luft gehalten wird. Es ist ein Pitcairn PCA-2 Autogyro und am 8. April 1931 erreicht sie mit dem Fluggerät auf Anhieb eine Höhe von 18.415 Fuß (5.613 m) und stellt damit einen neuen Höhenweltrekord auf. Angetrieben wird der Autogyro wie ein Flugzeug durch einen 330 PS starken Wright R-975-J6-9 Whirlwind Sternmotor mit Propeller.

Abbildung 9: Earhart vor dem Pitcairn PCA-2 Autogyro
(Foto: Stephen Pitcairn)

Als Publicity Gag macht sie etwas später im Jahr 1931 einen Transkontinentalflug mit dem brandneuen Autogyro der Beech-Nut Firma nach Oakland in Kalifornien, wobei Beech-Nut dies als Chance nutzt, Reklame

[2] "I want you to understand I shall not hold you to any medieval code of faithfulness to me nor shall I consider myself bound to you similarly".

für Kaugummi zu machen. Auf dem Rückweg in Texas verpatzt sie erneut eine Landung, was in einen Totalschaden des Beech-Nut Autogyros mündet.

Herausforderung Nordatlantik

Earhart will sich nicht damit zufriedengeben, nur als Passagierin über den Atlantik geflogen zu sein. Sie will als erste Frau einen Soloflug über den Atlantik wagen und plant ihn seit einiger Zeit, allerdings im Geheimen. Nur mit einem solchen Soloflug kann sie mit Lindbergh „gleichziehen" und erwartet damit endlich von ihren männlichen Pilotenkollegen voll akzeptiert zu werden.

Bereits seit dem 17. März 1930 ist sie stolze Eigentümerin einer speziell für sie geänderten Lockheed Vega 5B, einem modernen Passagierflugzeug für 4 bis 6 Passagiere und einer freitragenden Tragfläche von 12,5 m Spannweite. Das Leergewicht beträgt 1.070 kg und die Vega kann zusätzlich 805 kg Nutzlast in die Luft bringen. Das Flugzeug war ursprünglich im Dezember 1928 in den Lockheed Werken im kalifornischen Burbank hergestellt und als Vorführmaschine genutzt worden. Ihre Testflüge in Langley Field, Virginia, im September 1930 werden allerdings direkt von einem Unfall überschattet, als die Halterung ihrer Rücklehne nachgibt und sie rückwärts in die Passagierkabine geworfen wird. Die Maschine geht bei der Landung auf die Nase und der Rumpf muss im Detroiter Werk neu aufgebaut werden, was über ein Jahr dauert.

Weil sie vorzeitige Publicity nicht mag, übergibt Earhart die reparierte Vega an Bernt Balchen, ihren technischen Berater. Balchen plant selbst einen Antarktisflug, sodass ihr Geheimnis sicher ist. Balchen bringt die Vega zur Fokker Aircraft Company in Hasbrouck Heights, New Jersey. Hier wird das Flugzeug von den Mechanikern Frank Nagle und Eddie Gorski für den geplanten Atlantikflug umgebaut. Der Rumpf wird verstärkt zur Aufnahme von Zusatztanks, welche die Kapazität auf 420 Gallonen (1.590 Liter) erhöhen. Zusätzliche Instrumente werden ebenfalls installiert. Angetrieben wird die Vega von einem 457 PS starken Pratt & Whitney R1340 Sternmotor mit 21,44 Litern Hubraum.

Am Morgen des 20. Mai 1932, im Alter von 34 Jahren, hebt sie von Saint John, New Brunswick, mit einer aktuellen Ausgabe der lokalen Tageszeitung und einer Tomatensuppe in ihrer Thermoskanne ab. Bernt Balchen fliegt die Strecke nach Harbor Grace, Neufundland, von wo aus sie solo mit ihrer knallroten, einmotorigen Lockheed Vega 5B genau wie Lindbergh nach Paris fliegen will.

Nach dem Start muss sie allerdings gegen starke Nordwinde und wechselhaftes Wetter ankämpfen. Früh im Flug fällt ihr Höhenmesser aus, hinzu kommen bald Vereisungsprobleme und auch ihr Fahrtmesser versagt daraufhin seinen Dienst. Später reißt der Auspuffsammelring, sodass sie nachts aus dem Cockpit direkt in die Flammen aus dem Auspuff sehen kann. Beim Umschalten auf den letzten Tank stellt sie zuguterletzt noch eine undichte Benzinleitung fest.

Alles zusammen zwingt sie, auf einer Weide in der Nähe von Culmore bei Londonderry in Nordirland zu landen. Trotz der ungeplanten Änderung des Flugverlaufs ist sie als erste Frau non-stop über den Atlantik geflogen. Sie hat die 2.026 Meilen (3.752 km) in 14 Stunden und 54 Minuten mit einer Durchschnittsgeschwindigkeit von 136 Knoten (251 km/h) zurückgelegt.

Abbildung 10: Earharts Vega 5B im Lockheed Werk noch vor dem Umbau für den Nordatlantikflug mit dem NC7952 Standardkennzeichen (Foto: Lockheed Werke)

Abbildung 11: Earhart nach ihrer Landung in Londonderry
(Foto: Mit freundlicher Genehmigung der Purdue Universitätsbibliothek)

Auf Grund ihrer Leistung erhält sie vom amerikanischen Kongress das „Distinguished Flying Cross", von der französischen Regierung das Ritterkreuz der Ehrenlegion und von Präsident Herbert Hoover bekommt sie die Goldmedaille der National Geographic Society. Es besteht kein Zweifel, Earhart ist nun eine Berühmtheit.

Abbildung 12: Earhart und Präsident Hoover 1932 am Weißen Haus

Noch mehr Rekordflüge

Nach der Wirtschaftskrise im Jahr 1929 war die Arbeitslosigkeit auf über zwanzig Prozent hochgeschnellt und nimmt in den kommenden Jahren nur langsam wieder ab. Nachrichten wie jene von Earharts Rekordflügen bilden eine willkommene Ablenkung der breiten Massen. Sie schreibt noch 1932 ihr zweites Buch „*The Fun of It*", das sich wie ihr erstes Buch als Bestseller etabliert.

Drei Monate nach ihrem Atlantikflug fliegt sie von Los Angeles, Kalifornien, quer über den Kontinent nach Newark, New Jersey, an der Ostküste. Sie legt eine Entfernung von 2.115 nautische Meilen (3.917 km) in 19 Stunden und fünf Minuten zurück und stellt damit einen Non-Stop Transkontinentalrekord für Frauen auf.

Nach Hoover zieht Roosevelt im März 1933 ins Weiße Haus ein und in Deutschland kommt Adolf Hitler an die Macht.

Earhart sucht weiter nach neuen Herausforderungen aber 1933 ist es nicht mehr ganz so einfach wie früher, mit einem Stuntflug die Aufmerksamkeit von Presse und Massen zu erhalten. Wiley Post fliegt 1931 und 1933 mit einer Lockheed Vega 5C (Winnie Mae) gleich zweimal um die Welt. Mit der Douglas DC-1 wirft bereits das erste brauchbare Verkehrsflugzeug seinen Schatten voraus und ‚Transcontinental and Western Air' (später TWA) sowie United Airlines und andere Fluglinien fliegen bereits regelmäßigen Linienverkehr mit Trimotors und ähnlichen Flugzeugen.

Im Jahr 1933 bricht sie ihren eigenen Transkontinentalrekord und schafft mit ihrer roten Vega die West-Ost-Überquerung in 17 Stunden, 7 Minuten und 30 Sekunden (durchschnittlich 123,65 Knoten / 229 km/h).

Im Jahr 1934 orientiert sich Earhart zurück zur Westküste und mietet in Kalifornien ein Haus. Sie erklärt gegenüber ihrem Mann George, sie wolle versuchen, von Hawaii nach Kalifornien fliegen. Bereits zehn Piloten hatten bei dem Versuch ihr Leben gelassen. Earharts Flug soll der erste Flug sein, bei dem ein Zivilflugzeug Sprechfunk nutzen wird.

Am 27. November 1934 steht plötzlich ihr gemeinsames Haus an der Ostküste in Flammen, wertvolle Gemälde und andere Schätze fallen dem Brand zum Opfer.

Earhart lässt sich trotzdem nicht von ihrem Pazifikflug abbringen, die Zeit drängt, da auch Pan Am 1935 den Linienverkehr von San Francisco nach Honululu aufnehmen will.

Sie startet mit ihrer neuen Vega NR965Y auf dem Wheeler Field in Honululu, Hawaii, am 11. Januar 1935 und erreicht Oakland am Samstag, den 12. Januar 1935 um 13:31 Uhr Ortszeit und wird von Tausenden empfangen.

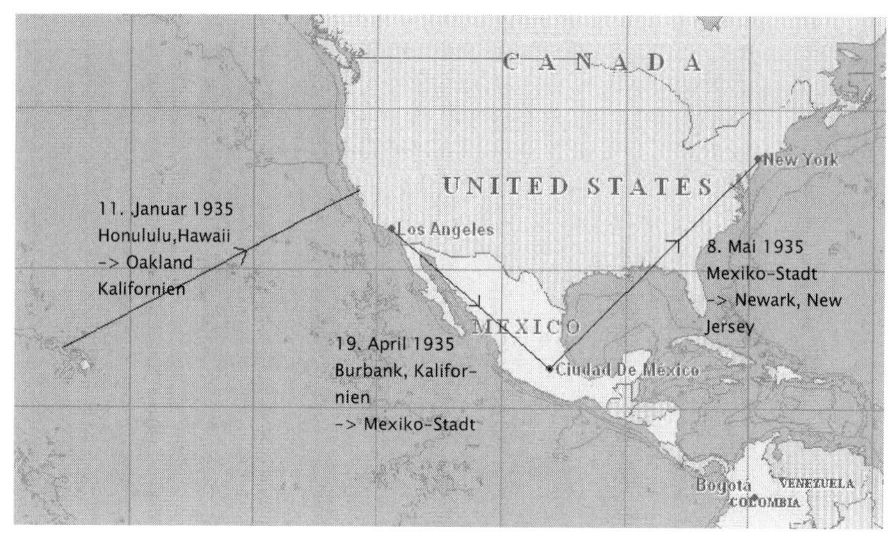

Abbildung 13: Earharts Rekordflüge 1935

Sie hat 17 Stunden und 7 Minuten für den Flug über eine Strecke von 2.080 NM gebraucht bei einer Durchschnittsgeschwindigkeit von 121,5 Knoten (225 km/h). Präsident Roosevelt sendet seine Glückwünsche.. ..."Sie haben schon wieder Punkte gesammelt...(und) damit den ungläubigen Thomasen gezeigt, dass die Luftfahrt nicht etwas für Männer allein sein darf."

Earhart lässt sich als Beraterin von der Purdue Universität in Indiana anwerben. Sie soll als Karriereberaterin junge Studentinnen beraten, die nach dem Studium neue Betätigungsfelder für Frauen suchen. In den folgenden Monaten ist Earhart fast non-stop unterwegs, um ihre Vorträge zu halten.

Wenig später erhält sie eine Einladung aus Mexiko. Die mexikanische Regierung will das Land für Touristen aus den USA attraktiver machen. Die Regierung nimmt sich Hawaii zum Vorbild, das sich durch Earharts Alleinflug von Hawaii nach Kalifornien einen größeren Bekanntheitsgrad verschafft hat[3].

---

[3] Hawaii gehört 1935 noch nicht zu den Vereinigten Staaten

Die mexikanische Regierung zeigt ihr den Entwurf einer Luftpostmarke, die mit dem Aufdruck "Vuelo de Amelia Earhart, Mexico, 1935" versehen sein soll. Nachdem sie auf einem Empfang den Generalkonsul von Mexiko kennenlernt, nimmt sie die Einladung an.

Earhart wählt eine Nonstoproute von Burbank, Kalifornien, nach Mexiko-Stadt, und startet am 19. April 1935 um 21:15 Pazifikzeit in einen mondbeschienenen Himmel. Der Flug geht über die Cortés-See, südlich von Mazatlán in Richtung Inland über Tepic und Guadalajara.

In der Nähe des Zieles hat sie Schwierigkeiten mit der Navigation und landet in einem trockenen Flussbett bei Nopola 80 Kilometer nordwestlich von Mexiko-Stadt, von wo aus sie erneut starten muss, um ihr Ziel am frühen Nachmittag des 20. April 1935 zu erreichen.

Nach der Landung in Mexiko-Stadt wird Earhart von der größten Menschenmenge seit Lindberghs Landung im Jahre 1927 gefeiert. Die Nachricht über ihren Flug steht auf der ersten Seite der New York Times. Dennoch ist Earhart auf Grund des ungeplanten Zwischenstopps mit sich selbst nicht zufrieden.

Nach vielen Feierlichkeiten startet Earhart am 8. Mai 1935 von einem behelfsmäßigen Flugplatz außerhalb von Mexiko-Stadt zu einem weiteren Rekordflug non-stop über 1.824 NM (3.378 km) nach Newark im amerikanischen Staat New Jersey. Sie nimmt dabei den direkten Weg über den Golf von Mexiko, obwohl ihr Langstreckenflieger-Kollege und Freund Wiley Post ihr vom direkten Kurs abrät und die Strecke an der Küste entlang empfiehlt. Am Ende geht alles gut und auch dieser Flug wird ein Erfolg.

Earhart ist auf dem Höhepunkt ihrer Karriere. Sie hat eigentlich alles erreicht, sie ist eine Berühmtheit, gehört zur High Society und hat sogar ein gutes Verhältnis zu Eleanor Roosevelt, der Gattin des Präsidenten. Das amerikanische Volk liebt sie. Ab sofort wird sie ihren Ruhm nur noch steigern können, in dem sie noch Extremeres wagt. Es ist heute nicht mehr zu beantworten, ob sich Amelia dieser Tatsache bewusst war. Offensichtlich gibt es für sie nur den Weg zu weiteren Höchstleistungen und sie hat die nächste Herausforderung bereits im Kopf: Als erste Frau plant sie eine Weltumrundung.

Earharts Lockheed Vega 5B

Die Lockheed Vega ist ein amerikanisches Passagierflugzeug des Herstellers Lockheed, entwickelt von John Northrop. Es handelt sich um einen einmotorigen, freitragenden Schulterdecker in Schalenbauweise mit Spornradfahrwerk für den Passagiertransport (4 Passagiere). Angetrieben wird die Vega anfangs durch einen 220 PS starken Wright J-5 Whirlwind-Sternmotor. Ziel der Entwicklung ist die Herstellung und Fertigung eines konkurrenzlos schnellen Flugzeugs für die Lockheed eigene Fluggesellschaft. Der Erstflug der Maschine findet am 4. Juli 1927 statt.

Um den Bedarf an schnelleren Passagierflugzeugen mit adäquater Transportleistung decken zu können, wird der Entwurf überarbeitet. Es entsteht 1929 die mit einem 457 PS starken Pratt & Whitney R-1340 und einer NACA-Haube (Motorverkleidung) ausgerüstete Vega 5, die eine Reisegeschwindigkeit von 140 mph (224 km/h) erreicht.

Als nächste Variante wird die fünfsitzige Vega 2 mit einem 300 PS-starken Wright Whirlwind J-6 gefertigt, von denen sechs Maschinen hergestellt werden. Die meist gebaute Vega ist der später entwickelte Typ 5B, ausgerüstet mit sechs Sitzplätzen und dem 457 PS starken Pratt & Whitney R-1340. Von diesem Typ werden insgesamt 34 Maschinen gefertigt, inklusive drei umgebauter Landflugzeuge und zwei Schwimmerflugzeugen anderer Varianten.

Earharts Vega ist eine vom Typ 5B, die anfangs bei den Lockheed Werken in Burbank als Demonstrator verwendet wird. Nach dem Kauf durch Earhart wird die Vega von den Mechanikern Frank Nagle und Eddie Gorski für den Atlantikflug 1932 umgebaut. Der Rumpf wird verstärkt zur Aufnahme von Zusatztanks mit insgesamt 324 Gallonen (1.226 Liter). Zusätzliche Instrumente werden ebenfalls installiert.

Amelia Earhart verkauft später im Juni 1933 ihre Vega an das Franklin Institute in Philadelphia. Es wurde dort bis zum Sept. 1966 ausgestellt bis es danach zum National Air and Space Museum, Smithsonian Institution, überstellt wurde, wo es bis heute in der ‚Pioneers of Flight' Galerie zu sehen ist.

Abbildung 14: Lockheed Vega (Standard)

Kenngröße	Vega 5B (Standard)	Vega 5B (Earhart)
Länge	8,23 m	8,23 m
Flügelspannweite	12,50 m	12,50 m
Höhe	2,59 m	2,59 m
Antrieb	Pratt & Whitney R-1340 Wasp SC mit 336 kW (457 PS)	Pratt & Whitney R-1340 Wasp SC mit 336 kW (457 PS)
Propeller	Hamilton Standard Verstellpropeller	Hamilton Standard Verstellpropeller
Max. Reisegeschwindigkeit	134 KTS (248 km/h)	134 KTS (248 km/h)
Max. Geschwindigkeit	155 KTS (288 km/h)	155 KTS (288 km/h)
Max. Steigleistung auf Meereshöhe bei MTOM	1.300 ft/min	ca. 1.000 ft/min
Tankinhalt	96 Gal (363 Liter)	96 Gal + 324 Gal =420 Gal (1.590 Liter)
Max. Reichweite	690 NM (1.278 km)	2.580 NM (4.778) km
Besatzung	1 Pilot + 6 Passagiere	Nur 1 Pilot
Dienstgipfelhöhe	18.000 ft / 5.485 m	18.000 ft / 5.485 m
Leergewicht	1.163 kg	ca. 1.100 kg
Max. Fluggewicht (MTOM)	2.155 kg	ca. 2.500- 2.600 kg

Abbildung 15: Earharts Vega 5B in der Hall of Fame
des Smithonian Air and Space Museums in Washington

Abbildung 16: Vega Cockpit Nachbildung im MS Flugsimulator 2004

Kapitel 3: Die Jahre 1936–37

"Frauen müssen sich an den gleichen Aufgaben wie Männer versuchen. Scheitern sie, so darf dies nichts weiter sein als eine Herausforderung für andere."

"Women must try to do things as men have tried. When they fail, their failure must be but a challenge to others."

Amelia Earhart

Foto: Sammlung der Purdue Universität

Amelia Earharts Weltumrundung

Die Flugplanung

Durch die finanziellen Möglichkeiten, die sich durch ihren Ehemann George Putnam bieten und durch weitere großzügige Fördergelder der Purdue Universität in Indiana, bei der sie einen Job als Beraterin hat, gelingt es ihr 1936, ihre Sponsoren für eine Weltumrundung westwärts auf Äquatorebene mit einem Landflugzeug zu begeistern. Die Strecke lässt sich aus Sicherheitsgründen nicht mehr mit ihrer einmotorigen Vega bewältigen, ein Zweimotorige muss es nun sein und sie wählt hierfür wegen ihrer guten Verbindung zu Lockheed das damals beste und wohl auch teuerste Flugzeug in seiner Klasse aus, die Lockheed Electra 10E mit Einziehfahrwerk und zwei Pratt & Whitney R-1340 9-Zylinder-Sternmotoren des Typs Wasp S3H1 von je 550 PS. Die Electra wird so umgebaut, dass anstelle des Passagierbereichs die Zusatztanks und die Einrichtungen für den damals üblichen Navigator eingebaut werden. Mit insgesamt maximal 1.151 Gallonen Sprit an Bord soll die Electra angeblich bis 3.000 nautische Meilen (5.556 km) weit fliegen können.

Die Planungen für den Weltflug werden in Kalifornien generalstabsmäßig im eigenen Büro durchgeführt. Es gibt eine Schwierigkeit. Trotz der Reichweite ihrer Electra 10E ist es ihr nicht möglich, die Entfernung von Hawaii nach Neuguinea non-stop zu fliegen. Es muss also ein Zwischenstopp eingelegt werden, aber es gibt keinerlei Flugplätze auf den wenigen, in Frage kommenden Inseln dazwischen. Durch ihre und Putnams gute Verbindungen erhält sie zuguterletzt die Zusage des amerikanischen Militärs, die ihr eine Landebahn auf einer winzigen, gerade 2 km langen, kürzlich annektierten Pazifikinsel mit Namen Howland Island zur Verfügung stellen wollen. Trotz dieser Unterstützung wird dies eine fast unglaubliche Herausforderung an die Präzision der Navigation darstellen. Die Aufgabe wird mit der üblichen terrestrischen und celestrischen Navigation mit Bubble-Sextanten nicht zu meistern sein. Aus diesem Grund wird in Earharts Electra neben dem Standardfunkgerät der neueste Bendix Receiver RA-1B, ein Prototyp mit 8 Röhren, und zusätzlich ein daran gekoppelter Radio Direction Finder (Funkpeilgerät, erster Vorläufer des heutigen ADF) eingebaut, eine Entwicklung, die sich gerade in den Anfängen befindet.

Der RA-1B Empfänger kann in 5 Bändern 150 bis 15.000 kHz nutzen, der Direction Finder beherrscht ebenfalls in 5 Bändern 200 bis 1.500 kHz. Mit der Navy wird vereinbart, dass ein vor Anker liegendes Schiff mit Earharts Direction Finder anpeilbare Funkwellen senden soll. Ferner wird das Schiff in der Lage sein aus Earharts Sprechfunkwellen eine Peilung zu ermitteln (heutiges VDF). Es sollte also möglich sein, auf die eine oder andere Weise eine Peilung zu bekommen.

Earhart kündigt am 12. Februar 1937 auf einer Pressekonferenz in New York ihr Vorhaben an, als erste Frau mit einem Landflugzeug die Welt auf der Äquatorebene und auf einer Strecke von ca. 25.000 NM zu umrunden.

Earharts Lockheed Electra 10E

Abbildung 17: Earhart in den Lockheed-Werken (Foto: Purdue Universität)

Earharts Lockheed 10E wird in den Lockheed Werken in Burbank, Kalifornien, als Sonderversion hergestellt. Angeblich wurde für das Flugzeug die für die damalige Zeit horrende Summe von ca. 90.000 US$ bezahlt, wobei der Großteil von Sponsoren stammte und Earhart/Putnam selbst ca. 10.000 US$ beigesteuert haben sollen. Die Electra wird nach ihren Wünschen modifiziert. Dies betrifft im Wesentlichen den Umbau der Kabine, wo anstelle der üblichen zehn Sitze, die Zusatztanks und die Einrichtung für den Navigator eingebaut werden. Im Cockpit werden die zusätzlichen elektronischen Navigationsinstrumente installiert.

Abbildung 18: Lockheed Model 10 Electra (Foto : Lockheed Werke)

Die Lockheed Electra ist Lockheeds erstes Ganzmetallflugzeug, entwickelt durch Hall Hibbard als Verkehrsflugzeug für 2 Crew-Mitglieder und zehn Passagiere. Für Clarence "Kelly" Johnson ist die Electra seine erste Projektmitarbeit nach dem Universitätsabschluss. Die Anordnung der zwei Seitenleitwerke ist sein Beitrag und bildet zu dieser Zeit das Markenzeichen für Lockheed.

Abbildung 19: Kelly Johnson (Foto : Lockheed Werke)

Zwischen 1934 und 1941 werden insgesamt 148 Electras gebaut, davon vier kommerzielle und fünf Militärversionen, zum größten Teil als Modell 10A. Kommerziell wurde die Electra meist durch Airlines genutzt, wobei Provincetown-Boston Airlines das Flugzeug noch bis in die frühen Siebziger Jahre eingesetzt hat.

Earhart nimmt ihre Electra im Juli 1936 in Empfang.

Abbildung 20: Earhart auf ihrer Electra 10-E (Foto : Lockheed Werke)

Spezifikation	Modell 10-A*	Modell 10-E (Earhart)
Spannweite	16.76 m	16.76 m
Länge	11.76 m	11.76 m
Höhe	3.07 m	3.07 m
Leergewicht	2.927 kg	3.000 kg*
Max. Abfluggewicht	4.760 kg	4.800/ (6.200 kg*)
Triebwerkstyp	Pratt &Whitney R985-13 je 450 PS	Pratt &Whitney R1340 S3H1 je 550 PS
Propeller	Hamilton Standard Verstellpropeller	Hamilton Standard 12D40-11 Verstellpropeller
Max. Reisegeschwindigkeit	164 KTS (303 km/h)	170 KTS (315 km/h)*
Max. Geschwindigkeit	175 KTS (324 km/h)	180 KTS (333 km/h)*
Max. Steigrate (auf Meereshöhe)	1.140 ft/min	1.350 ft/min*
Gipfelhöhe	19.400 ft /6.365 m	ca. 20.000 ft / 6.562 m*
Max. Reichweite (ohne Windeinfluss)	700 NM / 1.296 km (mit Standardtanks)	3.000 NM / 5.556 km bei 1.150 Gal (4.352 Liter)
Avionik	Nicht bekannt	Western Electric 13C Transmitter(50W Output) Western Electric 20B Receiver Bendix RA-1B Receiver Bendix DU-1 RDF Sperry Autopilot

*) Modell 10A Lockheed Angaben, Earhart 10E Werte geschätzt

Der mißglückte erste Versuch

Earhart startet am 15. März 1937 mit ihrer Lockheed Electra 10E, Kennzeichen NR 16020, zusammen mit ihrem Astronavigator Fred Noonan, dem Funknavigator Paul Manning und ihrem technischen Berater Paul Mantz zum ersten Abschnitt von Oakland über die gerade fertiggestellte Golden Gate Bridge westwärts nach Honululu. Manning hat sie auf ihrer Schiffsrückfahrt nach ihrem Atlantikflug von England zurück in die Staaten kennengelernt und ist mit ihm befreundet. Er sollte ursprünglich auf dem gesamten Flug navigieren, doch ihr Mann überredet sie mit dem erfahrenen, ehemaligen Chefnavigator der Pan Am Flotte Fred Noonan zu arbeiten. Es ist beschlossen, dass beide mindestens bis Howland Island dabei bleiben. Paul Mantz wird in Honolulu aussteigen.

Vom Rückenwind geschoben setzen sie nach einer Flugzeit von nur 15 Stunden und 48 Minuten nach fast ereignislosem Flug - nur der rechte Propeller lässt sich nicht mehr verstellen und die Sicherung des Generators ist durchgebrannt - und problemloser Navigation im Morgengrauen des 16. März auf. Von den anfänglichen 947 Gallonen in den Tanks sind nach der Landung und nach 2.026 NM noch gut vier Stunden Reserve vorhanden. Sie hat also durchschnittlich ungefähr 47 Gallonen pro Stunde verbraucht.

Abb. 21:
Fred Noonan,
Navigator

Der zweite, wesentlich kritischere Streckenabschnitt nach Howland Island wird von Earhart zwei Tage später am 19. März 1937 in Angriff genommen. Beim Start auf dem Luke Field, platzt dann entweder ein Reifen, gibt ein Fahrwerksbein nach oder, wie andere später behaupten, bekommt Earhart das Ausbrechen der Maschine nicht in den Griff. Jedenfalls wie es auch wirklich gewesen sein mag, es führt zu einer Groundloop der randvoll getankten Electra mit Fahrwerksbruch, Schäden am Rumpf, an beiden Propellern und an einer Tragfläche. Der erste Versuch einer Weltumrundung muss von ihr aufgegeben werden.

Nach dem Unfall in Honululu hat Erhart mit erheblichen Problemen zu kämpfen, ihr Projekt überhaupt über Wasser zu halten. Die industriellen Sponsoren sind nicht bereit die Reparaturkosten zu tragen. Auch die US Navy versagt ihr die weitere Unterstützung und sie muss den gesamten Transport der Electra nach Burbank selbst finanzieren. Hinzu kommt, dass ihr Freund und Supporter Gene Vidal als Kopf der kommerziellen Luftfahrtbehörde seinen Hut nehmen muss. Stimmen werden laut, ihr die notwendige Genehmigung (letter of authority) für einen zweiten Versuch zu versagen. Der Wind weht ihr diesmal frontal ins Gesicht.

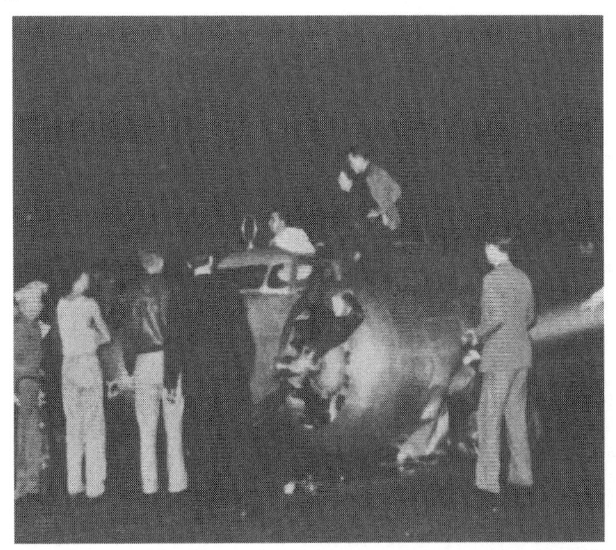

Abbildung 22: Crash at Luke Field, Hawaii (Foto : Wide World)

Doch Earhart gibt nicht auf. Mit erheblichem persönlichen und finanziellen Einsatz - auch ihres Ehemannes, der sich genau wie sie selbst hoch verschuldet - wird die Lockheed Electra für 4.000 US$ zurück nach Burbank transportiert und dort für 12.500 US$ repariert. Parallel plant sie die Weltumrundung in veränderter Form nämlich diesmal in der Ostrichtung zu fliegen. Sie versucht damit angeblich auf Anraten der Meteorologen der gefürchteten Monsunregenzeit in Asien zu entgehen, doch der wahre Grund ist: Für einen zweiten Versuch in Westrichtung wären unangenehme Diskussionen unvermeidlich gewesen.

Die Weltumrundung, zweiter Versuch

Am 20. Mai 1937 startet sie erneut von Oakland, nicht großartig angekündigt und von der Presse nahezu unbehelligt, zu ihrem zweiten Versuch der Weltumrundung, diesmal ostwärts über Burbank Richtung Tucson. Es geht weiter über New Orleans nach Miami, wo sie bei der Pan Am Wartung unter anderem den Sperry Autopiloten reparieren lässt. Ein Problem mit dem Funk wird von ihr so gelöst, dass sie die Spezialantenne gegen eine Standardantenne austauschen lässt. Der Funk funktioniert danach wieder hervorragend. Allerdings wird durch die Änderung ihr 500 kHz Kanal nicht mehr funktionieren, aber sie argumentiert, sie und Noonan könnten sowieso keinen Morsecode und lässt die Morsetaste ebenfalls entfernen.

Abbildung 23: Electra in Burbank

Bis hierhin hatte Earhart sich die Option des Abbruchs der Reise noch offen gehalten. Am 1. Juni 1937 beschließt sie nunmehr mit der Weltumrundung fortzufahren und es geht jeweils in Tagesabschnitten weiter nach San Juan auf Puerto Rico, von dort nach Caripito in Venezuela. Weitere Stationen sind Paramaribo (Surinam), Fortalezza und Natal, beides in Brasilien gelegen. Natal ist zu jener Zeit der Hauptflughafen für die Postbeförderung über den Atlantik, der in jener Zeit mit Wasserflugzeugen auf der Route Natal - Dakar stattfindet. Schon Saint-Exupery hatte an der Einrichtung dieser Route mitgewirkt. Earhart und ihr Navigator Fred Noonan starten am 7. Juni 1937 zu ihrem ersten Ziel in Afrika: Dakar. Earhart fliegt ihre übliche Reiseeinstellung mit 140 Meilen pro Stunde angezeigter Fluggeschwindigkeit (IAS), 26,5 inch Ladedruck und 1.700 Umdrehungen. Das Wetter ist schlecht. Noonan navigiert wie damals üblich mit einem Blasensextanten, einer für die Luftfahrt angepassten Sextantenart.

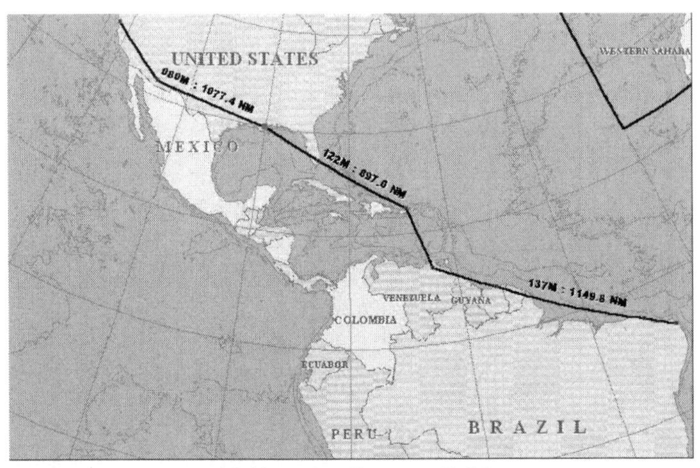

Abbildung 24: Flugroute Teil 1

Von	Abflug	Nach	NM
Oakland, Kalifornien	20. Mai	Burbank, Kalifornien	282
Burbank, Kalifornien	21. Mai	Tucson, Arizona	391
Tucson, Arizona	22. Mai	New Orleans, Louisiana	1.086
New Orleans, Louisiana	23. Mai	Miami, Florida	586
Miami, Florida	1. Juni	San Juan, Puerto Rico	897
San Juan, Puerto Rico	2. Juni	Caripito, Venezuela	652
Caripito, Venezuela	3. Juni	Paramaribo, Surinam	579
Paramaribo, Suriname	4. Juni	Fortaleza, Brasilien	1.043
Fortaleza, Brasilien	6. Juni	Natal, Brasilien	233
Natal, Brasilien	7. Juni	Saint-Louis, Senegal (Franz. West-Afrika)	1.704

Nach 1.700 NM erreichen sie die afrikanische Küste 66 NM nördlich ihrer errechneten Position und entschließen sich zu einer Landung auf dem nähergelegenen Flughafen in Saint-Louis, wo sie nach 13 Stunden und 22 Minuten aufsetzen. „Was hat uns nach Norden versetzt?" schreibt Earhart auf Noonans Zettel (Earhart und Noonan kommunizieren wegen des ohrenbetäubenden Lärms der Motoren nur über Zettel, die mit einer Art Angelrute über die Tanks gereicht werden), aber der Fehler ist mit 7 % Abweichung noch im Bereich der erzielbaren Genauigkeit.

Earhart und Noonan kämpfen sich mit Hilfe der wenigen terrestrischen Orientierungspunkte weiter durch das heiße Afrika auf einer Route am nördlichen Rand der Tropen entlang. Es geht von Saint-Louis erst zurück zu ihrem ursprünglichen Ziel Dakar, dann tageweise weiter über Gao, Fort Lamy, El Fasher, Khartoum nach Massawa im damaligen Eritrea am Roten Meer, dem heutigen Äthiopien, welches 1937 noch zu Italien gehört.

Abbildung 25: Electra im Flug

Fred Noonan bemerkt später in Earharts Tagesberichten, die durch G.P. organisiert in den amerikanischen Tageszeitungen erscheinen, dass er so manches Mal nicht mehr gewusst habe, wo sie genau gewesen seien. Um den großen Sprung nach Asien besser schaffen zu können, fliegt sie zunächst weiter nach Assab am südlichen Ende des Roten Meeres.

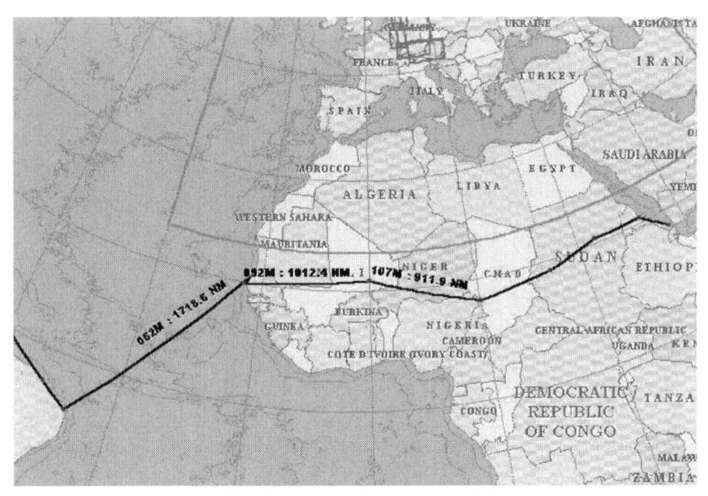

Abbildung 26: Flugroute Teil 2

Von	Abflug	Nach	NM
Saint-Louis, Senegal	8. Juni	Dakar, Senegal	89
Dakar, Senegal	10. Juni	Gao, Mali (Franz. West-Afrika)	982
Gao, Mali	11. Juni	Ndjamena (Fort Lamy, Franz. Äquatorial Afrika)	859
Ndjamena, Tschad	12. Juni	El Fasher, Sudan (Anglo-ägyptisch Sudan)	608
El Fasher, Sudan	13. Juni	Khartoum, Sudan	435
Khartoum, Sudan	13. Juni	Massawa, Äthiopien (Italienisch Eritrea)	391
Massawa, Äthiopien	14. Juni	Assab, Äthiopien	261
Assab, Äthiopien	15. Juni	Karachi, Pakistan (Indien)	1.390

Am 15. Juni 1937 starten Amelia Earhart und Fred Noonan zu ihrem 1.400 NM entfernten Ziel Karachi im damaligen Indien, das heute zu Pakistan gehört. Nach 13 Stunden und 22 Minuten erreichen sie ihr Ziel. Allein dieser Flug ist wieder ein neuer Rekord. Noch nie vorher ist jemand non-stop von Afrika nach Asien über die arabische Halbinsel geflogen. Nach eintägiger Pause für Wartungsarbeiten geht es weiter quer über den indischen Kontinent nach Kalkutta.

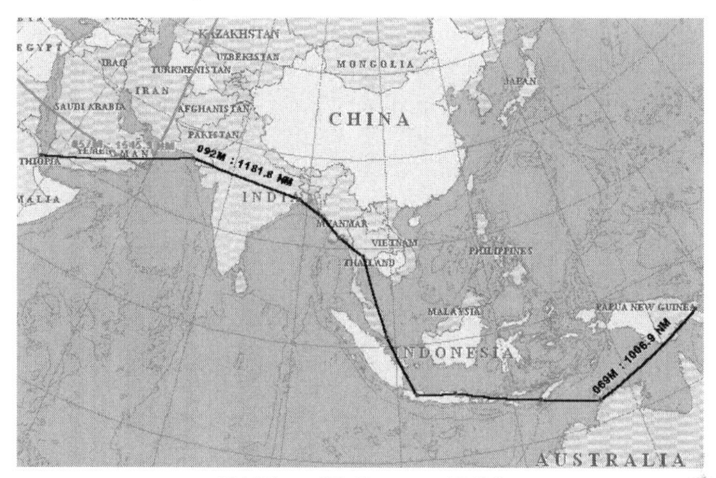

Abbildung 27: Flugroute Teil 3

Von	Abflug	Nach	NM
Karachi, Pakistan	17. Juni	Kalkutta, Indien	1.208
Kalkutta, Indien	18. Juni	Sittwe, Myanmar (Akyab, Burma)	291
Sittwe, Myanmar	19. Juni	Rangoon, Myanmar	266
Rangoon, Myanmar	20. Juni	Bangkok, Thailand (Siam)	261
Bangkok, Thailand	20. Juni	Singapore, Malaysia (Britische Kronkolonie)	785
Singapore, Malaysia	21. Juni	Bandoeng, Java, Indonesien (Holl. Ostindien)	487
Bandoeng, Java	24. Juni	Surabaja, Java, Indonesien	308
Surabaja, Java	25. Juni	Bandoeng, Java, Indonesien	308
Bandoeng, Java	27. Juni	Koepang, Timor, Indonesien	1.012
Koepang, Timor	28. Juni	Port Darwin, Australien	434
Port Darwin, Australien	29. Juni	Lae, Papua Neuguinea	1.049

Trotz veränderter Planung wird Earhart auf ihrem Weiterflug von Monsunwetter eingeholt. Sie ändert ihre Route und fliegt über Akyab in Burma. Auf der Strecke nach Rangoon muss sie wegen unfliegbarer Wetterbedingungen umkehren, versucht es erneut und erreicht am 19. Juni

1937 Rangoon. Von da ab wird das Wetter besser. Sie hat Probleme mit ihren Motorinstrumenten, ein Abgastemperaturgeber ist defekt und auch ihr Cambrigde (EGT) Instrument für präzises Leanen[4] funktioniert nicht mehr. Sie weiß, dass diese Instrumente kritisch für den Flug nach Howland Island sind. Ohne sie können die geplanten, niedrigen Verbrauchswerte und damit die Reichweite nicht erzielt werden. In Bandoeng auf Java ist die einzige Werkstatt mit entsprechenden Ersatzteilen. Sie fliegt über Bangkok, Singapur nach Bandoeng, das sie am 21. Juni 1937 erreicht. Zwei Tage werden für Reparaturen und Testflüge genutzt.

Earhart ist 39 Jahre alt und nun bereits seit 5 Wochen im Dauerstress, die Weltumrundung fordert ihre letzten Kräfte. Wegen der dauernden Flüge nach Osten - sie fliegt in die gleiche Richtung wie die Erddrehung, muss daher stets im Morgengrauen starten und verliert jeden Tag zwei Stunden Tageslicht - hat sie Schlafprobleme und leidet zeitweise an Durchfall. Am 24. Juni fliegt sie weiter nach Surabaya, muss aber wieder wegen gleicher Symptome bei den Motorinstrumenten nach Bandoeng zurückkehren.

Abb. 28: Earhart Und Noonan in Lae, New Guinea

Erst am 27. Juni kann sie ihren Flug nach Koepang in Timor fortsetzen. Am 28. Juni kommen Earhart und Noonan in Darwin, Australien an. Von dort fliegen sie am 29. Juni zum über 1.000 NM entfernten Lae in Neuguinea.

---

[4] Gemischeinstellung, Leanen ist abgeleitet von to lean ‚abmagern' (des Gemischs)

Der letzte Flug der Amelia Earhart

Neunzehntausend NM liegen bereits hinter ihnen. Drei weitere, riesige Abschnitte über den pazifischen Ozean sind noch zu bewältigen. Sowohl Earhart als auch Noonan wissen, welche Herausforderung der nächste, insgesamt längste Streckenabschnitt darstellen wird. Es gilt mehr als 2.200 NM (genau 4.113 km) non-stop über nichts als Wasser zurückzulegen. Es gibt keinerlei Ausweichflugplätze auf dem Flug nach Howland Island und die Insel ist nicht mehr als eine winzige, zwei Kilometer große Sandbank im riesigen Stillen Ozean.

Abbildung 29: Cockpit der Electra
(Foto : Sammlung der Purdue Universität)

Einmal gestartet, ist vom Point-of-no-return wegen der Unmöglichkeit einer Nachtlandung (Lae ist auf drei Seiten von hohen Bergen umgeben) auch die Rückkehr nach Lae eigentlich kaum möglich. Navigatorisch gilt es, die viel gepriesene Stecknadel im Heuhaufen zu finden.

Fünfhundert NM vor ihrem Ziel werden sie die britischen Gilbert Islands überfliegen, eine der wenigen Plätze, wo an einem Sandstrand eine Notlandung möglich wäre. Fred Noonan gibt sich zuversichtlich, mit seiner Methode der Navigation mittels Bubblesextanten und seiner großen navigatorischen Erfahrung als Chefnavigator auf Pan Am Clippern, die Insel mit einem maximalen Fehler von vielleicht 10–20 NM zu treffen. Bedingung ist, er muss zumindest zeitweise die Sterne und später die Sonne anpeilen können. Einmal in der Nähe der Insel, soll der Rest durch die Peilung mittels Radio Direction Finder und Loop Coupler geschehen. Es muss alles klappen, sonst sind beide verloren.

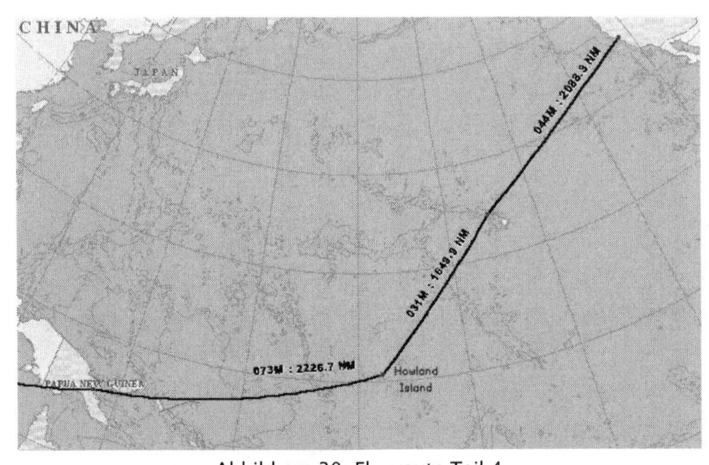

Abbildung 30: Flugroute Teil 4

Von	Abflug	Nach	NM
Lae, Papua Neuguinea	2. Juli	Howland Island, U.S. Territory	2.221
Howland Island		Honolulu, Oahu, Hawaii (Territorium von Hawaii)	1.651
Honolulu, Hawaii		Oakland, Kalifornien	2.094

Earhart und Noonan nehmen sich Zeit für die Vorbereitung. Die Pratt & Whitney Sternmotoren werden noch einmal sorgfältig gewartet, Öl und Kerzen gewechselt.

Fred Noonan hat auf Neuguinea große Probleme seine Navigationsuhr mittels Funksignal mit der Greenwichzeit (UTC) zu synchronisieren. Am Ende ist er erfolgreich und kann ein Funksignal aus Australien nutzen. Earhart führt am 1. Juli einen halbstündigen Testflug durch, auf dem sie auch den Radio Direction Finder überprüft: sie kann kein Minimum ermitteln. Sie hat dieses Gerät noch zu keiner Zeit auf dem bisherigen Flug benutzt, es ist ihr fremd geblieben. Sie schiebt das Nichtfunktionieren auf die ungenügende Ausstattung des Flughafens Lae, sie vertraut ihrem Glück und fährt mit ihrer Planung fort.

Die Itasca, ein Schiff der Küstenwache, hat mittlerweile Position bei Howland Island bezogen. Earhart informiert den Kapitän der Itasca, Warner K. Thompson, per Morsetelegrammen über ihre Zeitplanung und die von ihr genutzten Funkfrequenzen. Übermittlung und Antwort brauchen Tage, so dass der Küstenkutter Itasca nur mit großer Zeitverzögerung Informationen erhält, so auch die spätere Information vom Start der NR16020. Untypisch für die damalige Zeit verwendet Earhart für den Funkverkehr ausschließlich Sprechfunk und zwar auf 3.105 kHz und 6.210 kHz. Weder sie noch Fred Noonan beherrschen den damals üblicherweise verwendeten Morsecode auf 500 kHz. Auf Grund des Umbaus in Miami können sie auf dieser Frequenz kaum mehr senden. George Palmer Putnam setzt Earhart zusätzlich unter Druck, in dem er sie wegen der besseren Publicity bittet, möglichst bis zum 4. Juli, dem amerikanischen Unabhängigkeitstag, zurück in Oakland zu sein. Die Electra wird mit insgesamt 1.100 Gallonen Avgas betankt, davon sind 100 Gallonen von der besten 100-Oktan Qualität für Start und Steigflug bestimmt, der Rest ist Standard Avgas mit 87-Oktan.

Abb. 31: Takeoff in Lae, New Guinea

Am 1. Juli 1937 scheint das Wetter zu passen, obwohl es wegen des vorhergesagten Gegenwindes von um die 12 Knoten nicht optimal ist. Earhart und Noonan entschließen sich trotzdem zum Start und die Maschine hebt um exakt 10 Uhr Lae Ortszeit (0:00 Uhr UTC) auf dem letzten Meter der zu Verfügung stehenden Bahn Richtung Meer ab. Earhart hat offensichtlich große Mühe die Electra mit fast 3 Tonnen Sprit an Bord und bei der hohen Temperatur in die Luft zu bringen. Die Lockheed

NR16020 sackt über dem Meer kurz durch, kann aber von ihr dann doch noch rechtzeitig zum Steigen gebracht werden.

Der Flug scheint von Anfang an unter einem schlechten Omen zu stehen. Selbst die anfängliche Funkverbindung nach Lae ist miserabel, die Wettermeldungen um 10:20, 11:20 und 12:20 mit der Information eines stärkeren Gegenwindes bleiben von ihr allesamt unbeantwortet. Die erste Meldung von Earhart kommt um 4:18 UTC auf 6.210 kHz:

„Höhe 7.000 ft, Geschwindigkeit 140 Knoten, alles ok." Eine Stunde und eine Minute später ist sie erneut im Äther zu hören: "Höhe 10.000 ft, Position 150.7 Ost, 7.3 Süd, Cumuluswolken, alles ok." Zwei Stunden später um 7:18 UTC meldet sie sich wieder: „Position 159.7 Ost, 4.33 Süd, Höhe 8.000ft über Cumuluswolken, Wind 23 Knoten." Die angegebene Position liegt bei Nukumanu Island auf dem geplanten Flugweg. Interessant ist, dass sie ab dieser Meldung das sonst von ihr übliche „alles ok" weglässt, sie hat offensichtlich erste Vorahnungen wegen des stärkeren Gegenwindes und ihrer schrumpfenden Reichweite. Ihr nächster kurzer Report ist um 10:30 UTC zu hören: "Ein Schiff vor uns in Sicht." Offensichtlich haben sich Earhart und Noonan entschieden, nicht umzukehren.

In den nächsten Stunden ist sie weder von Lae noch von der Itasca zu hören. Die USS Ontario, ein weiteres Schiff der US Marine, ist auf der Hälfte der Strecke positioniert und sendet auf 500 kHz per Morsecode ,N's, hat aber keine Möglichkeiten der Sprachkommunikation mit Earhart. Ob sie diese Morsezeichen empfängt und für ihre Navigation nutzen kann, bleibt bis heute unklar.

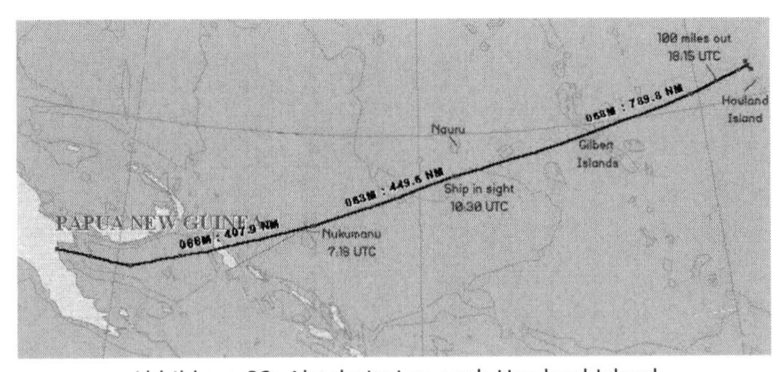

Abbildung 32: Abschnitt Lae nach Howland Island

Morgens um 2:45 lokaler Zeit empfängt die Itasca erste Lebenszeichen von Earhart im statischen Rauschen. Eine Stunde später, sie ist nun ungefähr über den Gilbert Islands, kommt der erste verständliche Funkspruch: „Geschlossene Bewölkung, werde zu den vollen und halben Stunden hören". Um 6:14 und um 6:45 bittet Earhart um eine Peilung und berichtet, sie seien ca. 200 bzw. 100 Meilen entfernt. Es kommt keine Verbindung von der Itasca zur Electra zustande. Aus irgendeinem Grund ist Earhart nicht in der Lage den Funk der Itasca zu empfangen. Die Situation beginnt langsam kritisch zu werden. Um 7:42 hört der Funker Bellarts auf der Itasca folgenden Funkspruch:

EARHART an ITASCA, wir müssen in der Nähe sein, können euch aber nicht sehen, der Treibstoff wird knapp, unmöglich euch per Funk zu erreichen, wir fliegen in 1.000 Fuß Höhe.[5]

Auf Grund des Gegenwindes hat Earhart wahrscheinlich mehr verbraucht als geplant und ist nun wie es scheint mit dem restlichen Benzin in den Flächentanks unterwegs. Ein Versuch ihrerseits, eine Peilung zu bekommen, scheitert:

EARHART an ITASCA, wir kreisen, können euch nicht empfangen, sendet wiederholt auf 7.500 kHz entweder sofort oder wie verabredet zur halben Stunde.

..und nach dem die Itasca auf 7500 Morsezeichen gesendet hat..

EARHART an ITASCA, wir haben eure Signale empfangen, können aber keine Peilung ermitteln, bitte Peilung von uns vornehmen und mit Sprechfunk auf 3.105 kHz antworten.

Die Antwort der Itasca, es sei ihnen unmöglich auf der Basis ihrer Sprechfunkübertragung eine Peilung vorzunehmen, wird von ihr offensichtlich nicht beantwortet.

ITASCA an EARHART:
Haben euch klar empfangen, wir können keine Peilung auf eurem Sprechfunk mit 3.105 kHz vornehmen, habt ihr diese Übermittlung empfangen, bitte antworten. (......keine Antwort)

---

[5] englische Originaltexte siehe im Anhang und auch im Kapitel ‚Details und Kommentare'

Es vergehen weitere 40 Minuten ohne Kommunikation, dann ist Earhart erneut im Äther zu hören:

EARHART an ITASCA, wir sind auf der Standlinie 157 337 und suchen nach Norden und Süden. Werde die Nachricht auf 6.210 kHz wiederholen, wartet...

Gemeint ist wahrscheinlich die von Fred Noonan auf Grund des Sonnenstandes bestimmte Standlinie (Line of Position), die senkrecht zur aktuellen Sonnenlinie steht und durch Howland Island verläuft mit den Kursen 157 grad/337 grad. Auf der Itasca wartet man auf weitere Signale, und sendet auf allen zur Verfügung stehenden Frequenzen. Doch alles ist am Ende vergeblich, es gibt keine weiteren Lebenszeichen von Earhart und Noonan an diesem Morgen, weder auf 3.105 noch auf 6.210 kHz.

Commander Warner K.Thomson auf der Itasca sendet um 10:15 Lokalzeit eine Vermisstenmeldung an seinen Kommandanten Admiral R. Waesche in San Francisco und beginnt um 10:40 lokaler Zeit mit der Suche nach den Verschollenen. Es beginnt die Zeit der Spekulationen.

Abb. 33: Howland Island im Dez. 2000 mit Earhart Light (Foto: Chris Johnson)

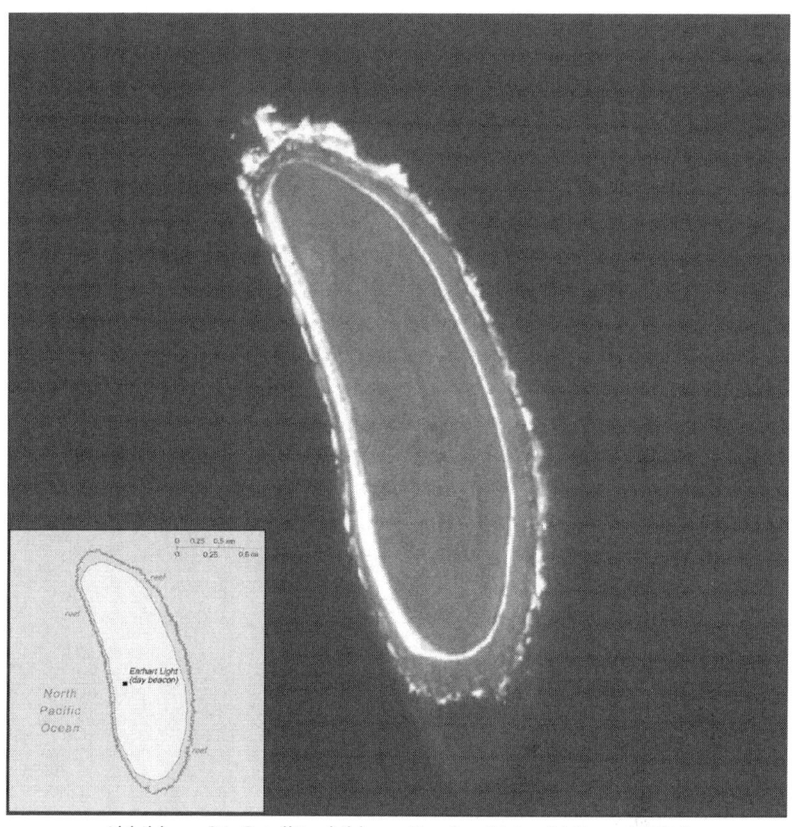

Abbildung 34: Satellitenbild von Howland Island (Foto: NASA)
und Howland Island Karte

Abbildung 35: Howland Island 2009
(Quelle: Waitt Institute, Foto: Stephani Gordon)

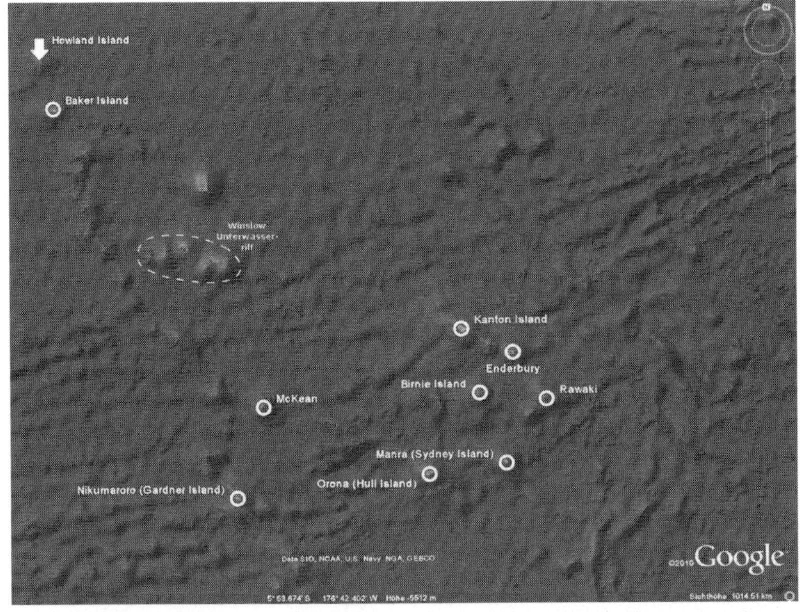

Abbildung 36: Howland Island, Baker Island und die südlichen Phoenix Inseln; mittlere Meerestiefe über 5.000 m (Grafik: KLSP erstellt mit GoogleEarth)

Kapitel 4: Die Suche

THE ALLIANCE REVIEW

FOURTH

Starts
s Back
Strike

RUSSO-JAP TENSION IS EASED TODAY

ABANDON THEIR LAST STAND IN BASQUE AREA

Amelia Earhart Is Reported Down In Pacific Ocean

Die Suche nach Amelia Earhart

Die offizielle Suche der US Navy (1937)

Am 3. Juli 1937 befiehlt Präsident Roosevelt die Suche nach Amelia Earhart und Fred Noonan mit einem bislang noch nie da gewesenen Aufwand. Einen Tag zuvor werden angeblich Signale von Earhart und Noonan aufgefangen und zwar von mehreren Stationen im Pazifik: Hawaii, Midway und Wake. Art und Inhalt der Signale werden auch später nie genau geklärt werden. Erste Peilungen weisen auf die Phoenix Islands.

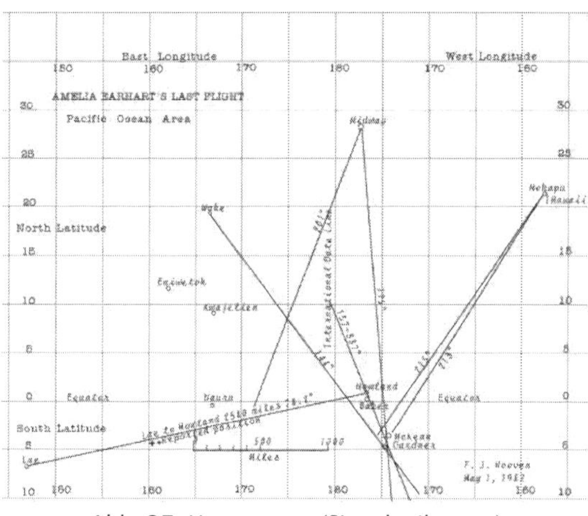

Abb. 37: Hoovenmap (Signalpeilungen)

Das Schlachtschiff USS Colorado wird von Pearl Harbour aus in die Region beordert und drei Katapultflugzeuge beginnen unter der Leitung von Lieutenant Senior Aviator J.O.Lambrecht mit der systematischen Suche nach den Verschollenen. Die Suche der Wasserflugzeuge vom Typ Vaught O3U-3 Corsair beginnt allerdings erst am 7. Juli 1937 nachmittags. Neben Baker Island werden zunächst alle benachbarten Riffs von Howland Island abgesucht. Die Suche wird fortgesetzt in den Phoenix Islands, einer verstreuten Inselgruppe, die ca. 350 NM südlich liegt und zu der auch Gardner Island gehört. Neben der USS Colorado und der Itasca, die Tag und Nacht in einem Suchmuster den Pazifischen Ozean absucht, sind dutzende Schiffe an der Suche beteiligt.

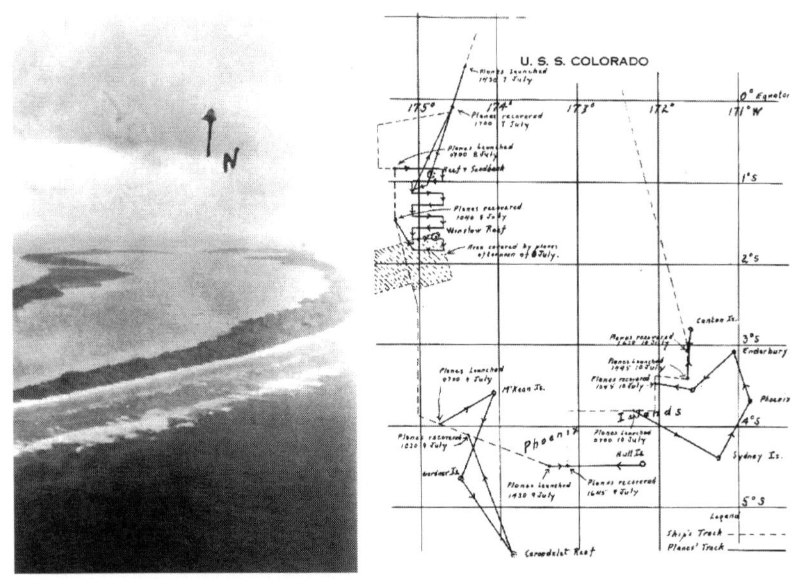

Abbildung 38: Colorado Suchmuster und Lambrecht-Foto von Gardner Island

Es gibt eine ganze Reihe neuer Meldungen von angeblich aufgefangenen Earhartschen Funksprüchen z.B. vom Mili-Atoll, die bis heute in den Archiven von FBI und anderen Regierungsstellen lagern, viele davon wurden später als bewusste Falschmeldungen entlarvt.

Ab dem 11. Juli 1937 übernimmt der von San Francisco herbeigeeilte Flugzeugträger Lexington mit 60 Flugzeugen an Bord die Leitung der Suchaktionen. Die Suche wird auf die britischen Gilbert Islands ausgedehnt, obwohl die Beziehungen zwischen Briten und Amerikanern in der Region alles andere als entspannt sind. Nur die Marshall Islands müssen ausgenommen werden, da sie 1937 in japanischem Besitz sind und die Beziehung zwischen USA und Japan (1941 beginnt der Pazifikkrieg) dies nicht mehr zulässt. Eine offizielle Anfrage an Japan bleibt unbeantwortet. Am Ende sind 262.281 Quadratmeilen abgesucht und für die damalige Zeit unvorstellbare vier Millionen US-Dollar ausgegeben. Am 18. Juli 1937 wird die Suche offiziell eingestellt.

Fred Goerner - Die Suche nach Amelia Earhart (1960-65)

Schon im Jahr 1937 gibt es erste Vermutungen in der Presse, Earharts Flug sei von Anfang an zusammen mit dem amerikanischen Militär geplant gewesen mit dem Ziel, das Flugzeug vorsätzlich und mit einem Spionageauftrag versehen in den Marshall Islands notlanden zu lassen. Das Thema wird dann auch im 1943 erschienenen Film "Flight for Freedom" aufgenommen, in dem die berühmte Aviatrice Tonie Carter ihr Leben opfert, um den Amerikanern bei ihren Kriegsvorbereitungen gegen Japan zu helfen.

In den Wirren des Pazifikkrieges und nach dem 2.Weltkrieg ist die Suche nach Earhart zunächst kein Thema. Es dauert bis 1960 bis Fred Goerner, ein Journalist und Radioreporter für den Sender KCBS in San Francisco, den Faden erneut aufgreift. Auslöser hierfür ist ein Artikel in der Times vom 27. Mai 1960, im dem Josephine Akiyama berichtet, sie habe 1937 auf Saipan in den Marianen zwei amerikanische Flieger gesehen, ein Mann und eine Frau, deren Beschreibungen auf Amelia Earhart und Fred Noonan passen würden.

Abb. 39: Fred Goerner

Fred Goerner fliegt nach Saipan. Sechs Jahre später hat er insgesamt vier Expeditionen zu den Marianen und den Marshall Islands hinter sich, tausende von Interviews geführt, einen Bendix Generator mit der Nummer NK17999 aus dem Hafenbekken von Saipan gefischt, der sich später als japanische Kopie herausstellt, die sterblichen Überreste von zwei Personen nach Kalifornien transportiert, die auch nicht als die Gesuchten identifiziert werden können. In typisch journalistischer "I-smell-rats"-Manier bleibt sein Misstrauen gegenüber der US Navy bestehen, die er bis zuletzt bezichtigt, Informationen zum Earhart-Rätsel unter geheimer Verschlusssache zu halten. Ganz nebenbei entdeckt er auf Saipan ein amerikanisches Spionage-Trainingscamp.

Fred Goerner gibt 1965 die Suche auf und veröffentlicht 1966 sein Buch "The Search for Amelia Earhart", das man ohne Zweifel als einen Klassiker der Konspirationstheorie einordnen darf.

Abbildung 40: Fred Goerners Generator gefunden in Tanapag Harbor, Saipan von links nach rechts Moe Raiser, Paul Mantz, Fred Goerner (Foto : Wide World)

Es liest sich so spannend wie ein Kriminalroman und wird ein Bestseller seiner Zeit. Sein spekulatives Fazit: Earhart und Noonan fliegen nach dem letzten Funkspruch um 8:43 Lokalzeit zurück nach Westen, müssen mit leeren Tanks beim Mili Atoll in den Marshall Islands notlanden, werden von den Japanern in Gefangenschaft genommen und nach Saipan, der damaligen Inselzentrale, transportiert, dort verhört, später exekutiert und begraben.

Die Suche der Long Familie (1974-2011)

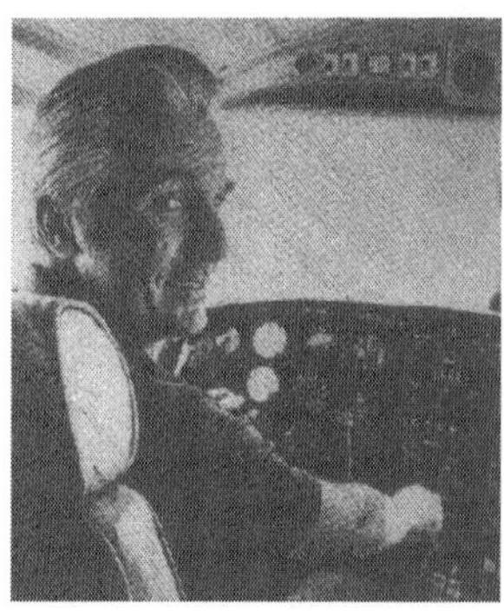

Abb. 41: Elgen Long

Elgen M.Long ist der einzige Mensch, der solo die Welt über beide Pole hinweg umflogen hat und zwar 1961 mit seiner Piper Navajo. Mit 40.000 Flugstunden auf Flugzeugen von der Boeing 314 bis zur 747 war er weltweit auf allen Strecken zuhause.

Während des Zweiten Weltkrieges flog er oft Patroullienflüge im Pazifik, die ihn auch über Howland Island führten. Zusammen mit seiner Frau Marie K.Long recherchierten die Longs über mehr als 25 Jahre hinweg das Mysterium von Amelia Earhart.

1999 veröffentlichen sie das Buch "Amelia Earhart: The Mystery Solved". Das Buch schildert mit viel Detailinformationen die Geschichte von Amelia Earhart und ihrer Weltumrundung. Insbesondere kennt sich Long noch mit den alten Navigationsmethoden mittels Blasensextanten aus und schildert eindrucksvoll die Art und Weise wie Noonan navigierte. Ebenso klärt er auf, warum Earharts Direction Finder auf ihrem letzten Flug nicht funktionieren kann: nämlich schlicht und einfach deshalb, weil sie versucht, das Gerät in einem Frequenzbereich zu nutzen, für das es nicht spezifiziert ist.

Nach den Longs hat Earhart zu viel Gegenwind (23 kts), muss deshalb die Leistung erhöhen, um die Reichweite zu verbessern, hat am Ende zu wenig Sprit um Howland Island sicher zu finden und muss nach ihrer letzten Meldung um 8:43 Ortszeit auf dem Pazifik notlanden und sinkt. Long gibt sogar einen relativ kleinen Bereich um Howland Island an, in dem Earharts Electra angeblich versunken sein soll (siehe Abb. 40).

Aus eigener Tasche bezahlt Long 35.000 US$ für eine Tiefenvermessung des Meeres um Howland Island herum. Von mehreren Tiefseesuchprojekten mit einem finanziellen Aufwand von jeweils mehreren Millionen Dollar kamen zwei nicht zu Stande, aber im März und April des Jahres 2002 suchten die Experten der Fa.Nauticos (robotergestützte Tiefseesuche) auf der R/V Davidson 350 Quadratmeilen des Ozeans mit Hilfe eines Tiefseeroboters NOMAD ab, am Ende aber ohne Erfolg.

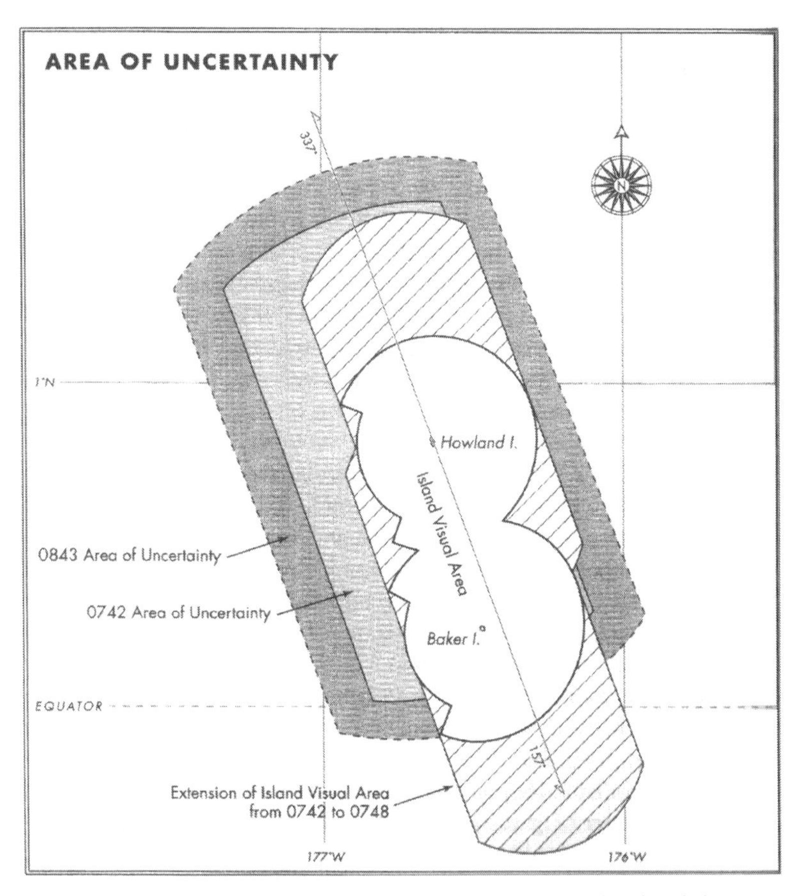

Abbildung 42: Die Karte von Elgen Long, welche das wahrscheinliche Gebiet für die Notwasserung angibt

Die Nauticos führte eine zweite Tiefseesuche im März und April 2006 durch. David W. Jourdan, Gründer der Fa. Nauticos, Elgen Long und ein Team von Ingenieuren, Analytikern, Spezialisten und Sponsoren durchforsteten erfolgreich das Unterwassergebiet im Nordwesten von Howland

Island, von dem man sich die größten Erfolgschancen ausmalte, aber die Suche nach Earharts Electra war leider erneut erfolglos.

Abbildung 43: Nauticos Schiff R/V Davidson im Pazifik (Foto : Nauticos)

Abbildung 44: NOMAD Suchroboter 2002 (Foto : Nauticos)

David W. Jourdan, fasste später die Ergebnisse sowie Hintergründe und technischen Herausforderungen der jeweils siebenwöchigen Tiefsee-explorationen der Jahre 2002 und 2006 in seinem Buch 'The Deep Sea Quest for Amelia Earhart' (siehe [8]) zusammen.

Die zweite Nauticos-Suche erfolgte im Zusammenarbeit mit dem Waitt Institute, einer in 2005 von Ted Waitt gegründeten Non-profit Organisation, die in La Jolla, Kalifornien, zuhause ist. Aus der Zusammenarbeit entstand ein weiterer Unterwasserroboter, der CATALYST AUV (AUV = Autonomous Unterwater Vehicle).

Abbildung 45: Catalyst 2 Mission 2009 (Fotos: Waitt Institute)

Im Jahr 2009 erforschte das Waitt Institute in einer dritten Tiefseesuche ("CATALYST 2 Mission") mit Hilfe mehrerer CATALYST AUVs eine Fläche von insgesamt 2.200 Quadratmeilen westlich von Howland Island bis hinunter zu Baker Island bei einer mittleren Tiefe des Pazifiks von 5.200 Metern. Auch diese Exploration konnte keinerlei Überreste der Electra finden. Allerdings war die Multimillionendollarsuche wohl nicht umsonst, denn das durchsuchte Gebiet lässt sich bei weiteren Explorationen definitiv ausschließen. Von Elgen Longs Karte bleibt im Wesentlichen als möglicher Ort der Notwasserung nunmehr nur noch das Gebiet östlich von Howland Island übrig.

Abbildung 46: Bislang untersuchte Unterwassergebiete (Quelle: Waitt Institute)

Das Waitt Institute hat die Suche mit viel Aufwand bis ins Detail auf ihrer Website http://searchforamelia.org dokumentiert bis hin zu den Ergebnissen der Unterwassersuche, die sich jedermann bei Interesse am eigenen PC z.B. mit Hilfe des Programms GeoMapApp ansehen kann.

Die TIGHAR Suche (1988-2011)

TIGHAR (The International Group for Historic Aircraft Recovery) ist eine Non-profit Organisation, die von Ric Gillespie, einem ehemaligen Versicherungsdetektiv für Flugunfälle gegründet wurde. Gemäß Ric Gillespies Wurzeln setzt TIGHAR strenge wissenschaftliche Maßstäbe sowohl für die Interpretation als auch die Darstellung von Untersuchungsergebnissen. Für Spekulationen lässt er im Unterschied zu Fred Goerner wenig Platz.

Wie auch Fred Goerners Suche hat auch die von TIGHAR ihren Ur-

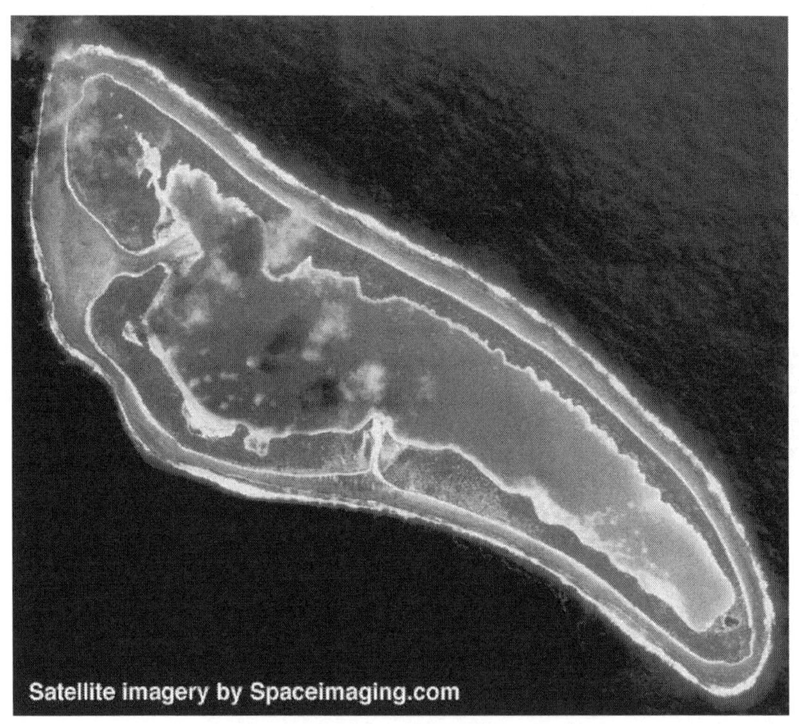

Abb. 47: Gardner Island (Nikumaroro)

sprung in einer Pressestory, die 1960 in der California Tribune, San Diego, auftaucht. Diesmal ist es die Geschichte von Floyd Kilts, einem ehemaligen Mitarbeiter der Küstenwache, der anlässlich des Abbaus einer

Loran-Station auf Gardner Island (heute Nikumaroro, Kiribati) 1946 von den Kolonisten erfährt, dass angeblich 1940 die sterblichen Überreste eines Mannes und einer Frau, ein Teil eines Schuhs, eine Flasche und eine Sextantenbox gefunden worden seien, möglicherweise die Überreste von Amelia Earhart und Fred Noonan. Der britische Kolonialverwalter Gallagher transportiert eine Kiste mit den Überresten im selben Jahr auf die Fiji-Inseln, wo sie von Dr.D.W. Hoodless der Central Medical School in Suva, Fiji untersucht wurden. Dr. Hoodless Untersuchungsbericht wird 1991 von TIGHAR wieder gefunden und neu bewertet. Es gilt danach als möglich, dass es sich um Earhart und Noonan handelt.

Abbildung 48: Gallaghers Kiste

TIGHAR versucht daraufhin ab 1991 die folgende Hypothese zu beweisen: Earhart und Noonan machen eine Notlandung auf Gardner Island und sterben wenig später auf dieser Insel, die 1937 unbewohnt ist und keinerlei Trinkwasser hat. Die Electra steht nach der Landung direkt in der Brandung am Rande des Riffs und wird wenig später über das Riff gespült. Man muss hierzu wissen, dass der Pazifik in der Umgebung von Howland Island und den Phoenix Islands, zu der Gardner Island (heute Nikumaroro) gehört, ca. 18.000 ft tief ist. Nikumaroro ist also nichts anderes als die Bergspitze eines 6.000 m hohen Berges, der auf dem Boden des Pazifiks steht.

In bisher acht Expeditionen nach Nikumaroro werden eine ganze Reihe von parallelen Suchpfaden akribisch verfolgt. Der historische Fortschritt der langjährigen Suche kann bis ins Detail auf TIGHARs Website (www.tighar.org) nachgelesen werden. Heute sieht der Status grob wie folgt aus:

- Die Suche nach Gallaghers Kiste mit den Skelettresten und der Sextantenbox wurde erfolglos aufgegeben.
- Die abschließende Analyse 2004 der auf der Insel gefundenen Teile ergibt: Die gefundene Schuhsohle bzw. die Reste hiervon können nicht Amelia Earhart zugeordnet werden.
- Des weiteren hat TIGHAR einige Aluminiumstücke auf Nikuma-

roro gefunden, die möglicherweise von der Electra stammen. Keines der Stücke konnte aber bislang eindeutig der Earhartschen Electra zugeordnet werden.

Abbildung 49: Aluteile gefunden auf Gardner Island (Foto: TIGHAR)

Fazit: TIGHARs Hypothese kann bis heute nicht verifiziert werden, oder wie Ric Gillespie es formuliert "there is no smoking gun".

Ric Gillespie hat im September 2006 sein Buch „Finding Amelia: the true story of the Earhart disappearance“ [7] herausgebracht, indem er alle bekannten und aus seiner Sicht soliden Fakten nahezu neutral zusammenfaßt. Gillespie meint, beweisen zu können: Earhart verliert beim Start in Lae die Antenne an der Unterseite der Electra und kann daher hierüber nichts mehr empfangen. Das Buch ist ein sehr beachtliches Werk und wird sicher als umfassendste Darstellung der Earhartsuche seinen Platz in der Geschichte finden. Ganz neutral kann allerdings Ric Gillespie in seinem Buch nicht bleiben. Elgen Longs Ansatz wird noch nicht einmal als Hypothese akzeptiert, sondern in einer Fußnote einfach als reine Spekulation abgetan. Für Ric Gillespie ist letztendlich klar: Der letzte Funkspruch um 8:43 ist nicht das Ende des Fluges. Earhart und Noonan flogen weiter, notlandeten und starben später auf Nikumaroro.

Abbildung 50:
Ric Gillespie
(Foto: TIGHAR)

Abbildung 51: Das TIGHAR-Team vor der fünften Expedition 1999 (Foto: TIGHAR)

Der Stand im Juni 2011:

TIGHAR hat seit 1988 bislang zehn Expeditionen zur Insel Nikumaroro durchgeführt. Die letzte Expedition Niku VI fand von Mai bis Juni 2010 statt. Man hat dabei neben umfangreichen Messdaten mehr als einhundert Artefakte zur weiteren Untersuchung mitgenommen, darunter auch ein winziges Knochenfragment. Bis jetzt wurde im Rahmen der Analysen noch nichts gefunden, das zur Aufklärung des Rätsels führt. Auch die DNA-Analyse des Knochenfragments durch Dr. Lewis (Universität Oklahoma) war nicht aussagekräftig. Da nicht genügend DNA-Material im Fragment vorhanden war, konnte ein Vergleich mit Earharts DNA Profil nicht stattfinden. Auch eine weitere Suche im April 2011 auf den Fiji Inseln nach den von Dr. Hood im Jahr 1940 begutachteten Skelettknochen (Gallaghers Kiste) war erfolglos.

TIGHAR hofft darauf, vor Juli 2012 zusätzlich eine Tiefseesuche auf der Westseite der Insel durchführen zu können.

Ric Gillespie arbeitet zurzeit (2011) an seinem zweiten Buch, indem er alle bisherigen Resultate der TIGHAR-Suche zusammenfassen will.

Es ist übrigens schon erstaunlich, wie viel Kapital bislang in die Suche investiert wurde (nach Angaben auf TIGHARs Website, plus weitere Schätzungen des Autors):

- Die Suche der US Navy 1937: ca. 4 Mio. US$ (entspricht heute in etwa 2 Milliarden US$)
- Fred Goerner 1960–1965 (nicht bekannt)
- Nauticos Tiefseesuche 2002: ca. 3,5 Mio. US$
- Nauticos Tiefseesuche 2006: ca. 4 Mio. US$
- CATALYST 2 Tiefseesuche 2009: ca. 4,2 Mio US$
- TIGHAR Suche (10 Expeditionen): ca. 2,5 Mio. US$.

Im Juli 2012 wird sich das Verschwinden von Amelia Earhart und Fred Noonan zum fünfundsiebzigsten Mal jähren. Auch 75 Jahre danach und trotz der hohen Kosten weiterer Explorationen wird man wohl die Suche nicht aufgeben. Für manche Amerikaner steht außer Zweifel, dass solange weiter gesucht wird, bis das Rätsel gelöst ist.

Kapitel 5: Details und Kommentare

Details zum letzten Flug

In diesem Kapitel wollen wir schlicht und einfach versuchen, einige der Fakten des letzten Fluges von Earhart/Noonan, soweit sie bekannt sind, darzustellen und erneut zu hinterfragen. Wir schildern und kommentieren also einen Flugunfall oder besser eine nicht abgeschlossene Flugunfallanalyse, obwohl wir damit bereits auf der spekulativen Seite gelandet sind, denn wir wissen ja nicht mit Sicherheit, dass ein Flugunfall geschehen ist. Unser Ziel ist in jedem Fall so nahe wie möglich bei den Tatsachen zu bleiben. Dort wo wir die Daten interpretieren und weitere eigene Annahmen machen, ist dies klar ausgedrückt als eine „Wenn... dann..." Formulierung oder sonst aus dem Zusammenhang klar und muss auch so verstanden werden. Eine solche Formulierung ist ganz klar von einer Spekulation zu unterscheiden, bei der etwas, das nicht bekannt ist, zum Fakt erklärt wird. Wir erklären Annahmen grundsätzlich nicht zu Tatsachen.

Folgende Bereiche sollen als Basisinformation näher beleuchten werden (und zwar nur diese, es geht nicht um Vollständigkeit, da dies den Rahmen des Buches sprengen würde):

- Earharts Funkanlage und der Radio Direction Finder, warum kann Earhart keine Peilung ermitteln?
- Die Funkprotokolle der Itasca und deren Aktivitäten Earhart zur Sandbank zu leiten, was läuft auf der Itasca falsch?
- Noonans Astronavigation, wie genau ist sie? Warum findet Noonan die Insel nicht?
- Die Performancewerte von Earharts Electra 10E, wie schnell war Earhart wirklich unterwegs?

Basierend auf den folgenden Erkenntnissen wollen wir abschließend alle drei heutigen Hypothesen neu bewerten und ein Fazit ziehen.

Earharts Navigationsmethode

Zuerst soll die geplante Art und Weise der Funknavigation erklärt werden. Dem Leser ist sicher klar, dass eine terrestrische Navigation d.h. die Orientierung an Landmarken unmöglich ist, denn es gibt im Pazifik bis auf wenige Inseln keine Landmarken. Außerdem ist man im Flugzeug eventuell über den Wolken. Auch die Orientierung per Koppelnavigation, d.h. man folgt einem bestimmten Kurs unter Einbeziehung des Windes, ist über dem Pazifik und dann noch über eine Entfernung von über 4.000 km viel zu unsicher und daher vollkommen unmöglich.

Man muss also eine Methode haben, irgendwie elektronisch eine Peilung zur Insel zu bekommen. Es ist klar, dass eine solche Methode eine Reichweitenbegrenzung hat, da die Stärke eines Radiosignals mit der Entfernung abnimmt. Man muss also zunächst einmal verlässlich in die Nähe der Insel gelangen. Genau das ist die Rolle von Navigator Fred Noonan, der dies mit Hilfe seines Blasensextanten und der Gestirne leisten soll. Wir werden auch dieses Thema weiter unten näher beleuchten, doch zunächst zur Funknavigation.

Prinzipiell gibt es zwei Möglichkeiten, per Funkausrüstung eine Peilung zu bekommen.

(i) Die erste Möglichkeit besteht darin, dass man auf der Seite des Zieles - in unserem Fall ist das Küstenschiff Itasca, welches an der Seite der Insel ankert - mit einem elektronischen Gerät die Richtung ermitteln kann, aus der Earharts Funk dort eintrifft. Earhart nutzt während des Fluges Sprechfunk auf 3.105 und 6.210 kHz.

Die Methode ist immer noch in Gebrauch, allerdings verwendet man heute höheren Frequenzen im UKW-Bereich. Die Methode wird als VDF (VHF Direction Finder) bezeichnet und läuft so ab, dass ein Flugzeug bei einem Flughafen eine Peilung anfordert. Die Richtung des Funks (der Pilot muss natürlich etwas senden also etwa von eins bis zehn zählen) wird dann an einem VDF-Peiler angezeigt und kann direkt abgelesen werden.

(ii) Die zweite Möglichkeit besteht in der Ermittlung einer Peilung direkt im Flugzeug. Hierzu ist es erforderlich, dass ein Sender am Zielort auf einer bekannten Frequenz ein hinreichend starkes Peilsignal sendet.

Die Aufgabe des elektronischen Gerätes im Flugzeug ist es nun, die Richtung zum Peilsender zu ermitteln.

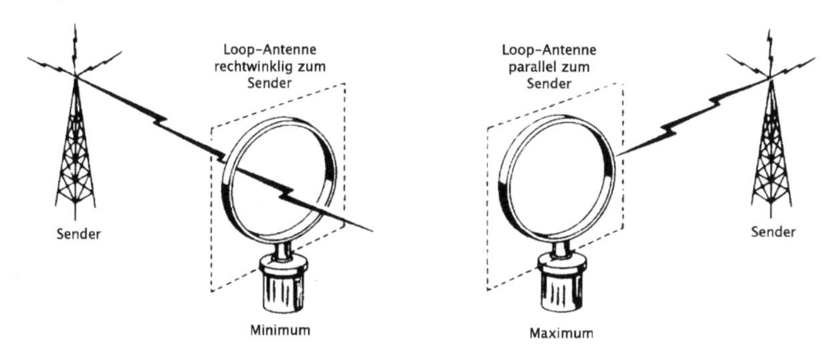

Hierzu lässt sich eine ringförmige Antenne (loop antenna) verwenden, die je nach Ausrichtung zum Sender ein verschieden starkes Empfangssignal liefert. Ist die Loopantenne rechtwinklig zum Sender ausgerichtet, empfängt man nichts mehr, d.h. die Lautstärke in einem Kopfhörer würde dann nahezu verschwinden[6]. Auf diese Weise lassen sich auch starke Radiosender zur Navigation verwenden und diese Möglichkeit bestand bereits 1937. Ein Nachteil besteht darin, bei einer Peilung nicht zu wissen, ob die Station links oder rechts auf dem Richtungsstrahl liegt.

Auch diese Methode ist immer noch in verfeinerter Form im Einsatz, das Gerät heißt heute ADF (Automatic Direction Finder) und nutzt interessanterweise auch heute noch einen vergleichbaren Frequenzbereich von 200 bis 1.750 kHz. Durch eine zusätzliche sogenannte Senseantenne lässt sich hiermit auch eindeutig die Richtung zur Station ermitteln.

Wenn man es genau nimmt, sind natürlich beide Methoden (i) und (ii) von Prinzip her identisch, lediglich die jeweilige Boden- und Luftstelle ist vertauscht.

Nun zurück zu Earhart und ihrer Electra. Geplant ist, dass Noonan die Electra per Astronavigation in die Nähe von Howland Island führt und danach soll eine Peilung per Radio Direction Finder sie zur Insel leiten.

Zu (i): Erstens ist Earharts Electra mit einem Western Electric 13C Transmitter von 50 W Sendeleistung ausgestattet, was eine Peilung ihres Funksignals am Zielort natürlich prinzipiell möglich macht. Allerdings ist

---

[6] Earhart verwendet stets das Verb ‚to take a minimum' hierfür

hierzu erforderlich, dass die Peilstation am Boden (der Direction Finder) Earharts „hohe“ Sprechfunkfrequenz nutzen kann.

Zu (ii) Earharts Electra ist unzweifelhaft mit einem Prototyp des Bendix Radio Direction Finder RA1-B/DU-1 ausgestattet. Das Gerät wurde auf dem ersten Flug im März nach Hawaii durch Radionavigator Manning bedient und hat zu dieser Zeit angeblich problemlos funktioniert.

RA-1B Receiver and Direction Finding 1941

RA-1B receiver is a communication receiver designed for use in aircraft. It may be employed for the reception of continuous wave telegraph or radio telephone signals within frequency ranges of 0.15 to 1.5 mc and 1.8 to 15.0 mc. Free band are used to give full coverage in each frequency range. Aural direction finding and loop antenna reception may be optained over a frequency range from 0.2 to 1.5 mc by using the receiver in conjunction with the Bendix direction finding equipment (DU-1).

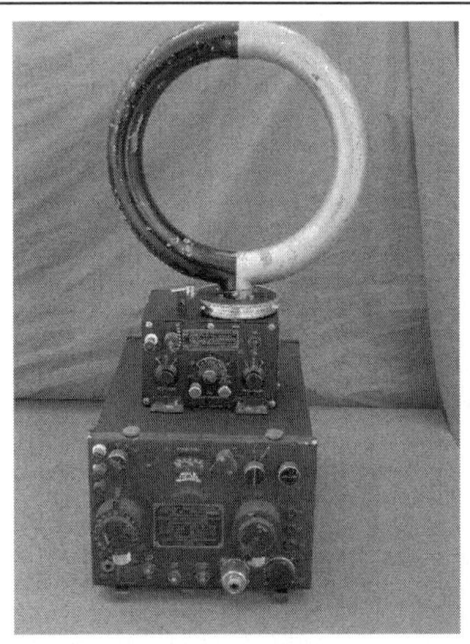

Abbildung 52: RA-1B/DU-1 von 1941
Quelle: Radiosammlung Antonio Fucci; Italien

Es gibt zwar keine Beweise für die tatsächlichen Eigenschaften des eingebauten Prototypen, doch man darf annehmen, dass das Gerät nahezu die gleichen Eigenschaften hatte wie das spätere Seriengerät. Der Receiverteil RA-1B des RDF war dabei in der Lage, im Bereich von 150 kHz bis 15 MHz zu empfangen, der Direction Finder oder auch Loop Coupler DU-1 konnte im Bereich von 200 kHz bis 1.500 kHz eingesetzt werden.

Funkanlage und Antenne

Die Meinungen gehen später auseinander, was die Funkanlage der Electra angeht. Wahrscheinlich ist für den Sprechfunk ein Western Electric 13C/20B Transmitter/Receiver an Bord (TIGHAR), der u.a. auf den von Earhart genutzten Frequenzen 3.105 kHz, 6.210 kHz senden und empfangen konnte. Die Sendeantenne ist oben am Rumpf, die Empfangsantenne angeblich am Bauch der Electra montiert.

Welche Eigenschaften bei 500 kHz (Morsecode) am Ende tatsächlich existierten, ist bis heute unklar. Einig ist man sich, dass verschiedene Techniker an der Antennenkopplung mehrfach vor ihrem Weltumrundungsversuch Änderungen vornahmen, um die damals genutzte 500kHz Notfrequenz zusätzlich nutzen zu können.

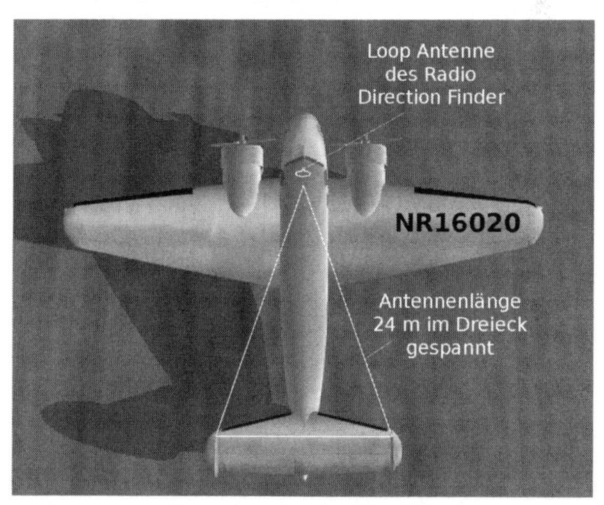

Abbildung 53: Die Antennen der Electra

Durch die Änderungen wurde aber wahrscheinlich die Empfangs- und Sendeleistung bei 3.105 und 6.210 kHz so verschlechtert, dass (gemäß E.Long) Earhart die Antenne in Miami wieder auf den Standard zurückbauen[7] ließ, angeblich wurde hierbei auch die Morsetaste entfernt. Die

[7]diesen Punkt kann E.Long nicht hundertprozentig beweisen. Ric Gillespie behaup-

Sendeantenne war mit 24 m Länge in Dreiecksverspannung[8] optimal für die 6.210 kHz Frequenz ausgelegt.

Earhart ist also eigentlich hinreichend gut ausgerüstet, um den funknavigatorischen Teil meistern zu können. Wir können ihre Ausrüstung in folgender Tabelle zusammenfassen:

Earhart / Electra

	Frequenz [kHz]	halbe Wellenlänge [m]	Übertragung
WE 13C Transmitter	500	300	CW, nutzbar ??
	3.105	48	Sprechfunk
	6.210	24	Sprechfunk
WE 20B Receiver von	188	798	CW/Sprechfunk
bis (in 4 Bändern)	10.000	15	CW/Sprechfunk
RA 1-B Receiver von	150	1000	CW/Sprechfunk
bis	15.000	10	CW/Sprechfunk
DU-1 Direction Finder von	200	750	CW/Sprechfunk
bis	1.500	100	CW/Sprechfunk
Antennenlänge		24	optimal für 6.210

CW (Carrier Wave = Trägerwelle) bedeutet hierbei Morsecode und ist eine etwas verunglückte Bezeichnung für die Methode, mit einer Morsetaste die Trägerwelle aus- und einzuschalten. Auf der Empfangsseite ist bei CW ein sogenannter Beat Frequency Oscillator (BFO) notwendig, um den Morsecode hörbar zu machen. Dabei wird im Receiver durch den Oszillator ein hörbarer Ton erzeugt, sobald die Trägerwelle ausgetastet wird. Morsen nach der CW-Methode im Frequenzbereich von 500 kHz ist 1937 die Standardmethode der Kommunikation. Sprechfunk ist zu dieser Zeit eher eine Ausnahme.

---

tet, die 500 kHz Schleppantenne am Boden der Electra sei beim Crash in Hawaii zerstört und bei der Reparatur nicht mehr neu eingebaut worden.

[8] Die Dreiecksverspannung lässt sich zweifelsfrei an Hand einer Aufnahme vom 28. Juni 1937 in Darwin nachweisen, ebenso kann (zumindest annähernd) die Länge von 24 m, die bei 6.210 kHz der halben Wellenlänge entspricht ($\lambda/2$) hieraus ermittelt werden.

Das Küstenschiff Itasca bei Howland Island

Bevor wir zu Überlegungen kommen, wie die Itasca ausgerüstet war und welche Rolle sie spielte, zunächst ein kurzes Bild der politischen Lage. Earhart wird auf ihrem Flug nicht nur politisch sensibles Territorium überfliegen sondern insgesamt fällt ihr Vorhaben in eine politisch brisante Zeit. Anders als man heute vermuten würde, ist im pazifischen Raum das Verhältnis der USA zu Großbritannien 1937 angespannt. Sowohl die USA als auch Großbritannien fordern die sogenannten Equatorial Islands für sich, die Jarvis, Baker Island und Howland Island umfassen. Da man sie damals für strategisch wichtig hält, werden sie 1935 von den Amerikanern besetzt. Jeweils vier zivile Siedler werden auf jeder der Inseln angesiedelt, im Dreimonatsrhythmus von amerikanischen Schiffen versorgt und von Zeit zu Zeit ausgetauscht. Richard B. Black vom amerikanischen Innenministerium rekrutiert hierfür Zivilisten aus Hawaii, Amerikaner meist chinesischer oder hawaiischer Herkunft. Alle Zivilisten sind als Wetterbeobachter trainiert und jeweils einer von ihnen ist zusätzlich Radioamateur. Sie senden täglich Wetterberichte nach Honululu, die an Pan American Airways für die ersten pazifischen Clipperflüge weitergegeben werden.

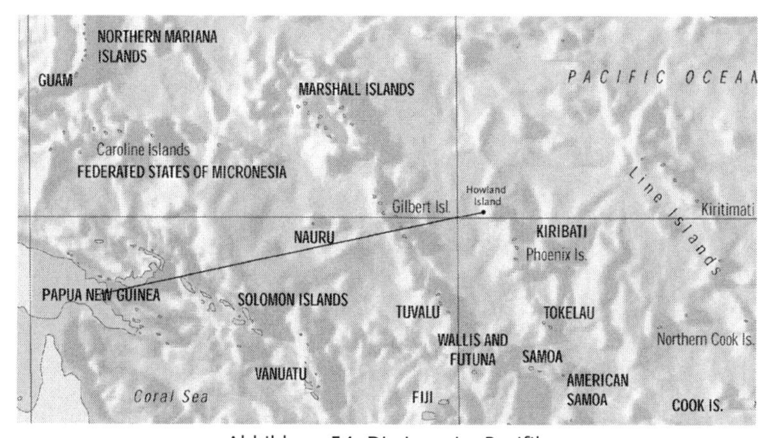

Abbildung 54: Die Lage im Pazifik

Earhart überfliegt die Gilbert Islands, damals in britischem Besitz. Es ist interessant zu wissen, dass für Earharts Flug keinerlei Koordination mit den Gilbert Islands stattfindet.

Nördlich der Gilbert Islands, einige hundert nautische Meilen entfernt liegen die Marshall Islands, die sich 1937 in japanischem Besitz befinden und vom entfernten Saipan aus verwaltet werden. Hierzu gehört übrigens auch das bekannte Bikini Atoll, welches später für amerikanische Atombombenversuche herhalten muss.

Insgesamt gibt es bereits im Juni 1937 erste Zeichen für den drohenden Weltkrieg. In Spanien beschießt ein deutsches Kriegsschiff die Stadt Almeria. Wenig später am 18. August also nach Earharts Verschwinden bombardieren die Japaner Shanghai in einer neuen Offensive gegen China.

Interessant ist ferner, dass die Aufgabe, Earhart auf Howland Island zu unterstützen, nicht durch die US Navy wahrgenommen wird, sondern statt dessen ein Schiff der Küstenwache eingesetzt wird. Warner K. Thompson, Commander der Küstenwache und Kapitän des 76 m langen Küstenschiffes Itasca, erhält Mitte Juni den Auftrag Earhart bei Howland Island als Funkpartner zu dienen und ferner für ihren Nachschub zu sorgen. Daneben hat er noch die Aufgabe, die Siedler auf Howland Island und Baker Island zu versorgen. Die Itasca fährt daraufhin zunächst von Los Angeles nach Honululu, um dort autorisierte Passagiere (Flugzeugmechaniker, Reporter, Fotografen, Kolonisten, Verwandte usw.), das Flugbenzin und weiteres Material an Bord zu nehmen.

Abbildung 55: Küstenschiff Itasca

Wie ist die Itasca selbst funkseitig ausgerüstet? Sie hat zwei starke Sender an Bord. Erstens hat sie einen 500 Watt starken T-16-A Hochfrequenz Sender, der im Bereich von 4.000 bis 18.100 kHz senden kann, allerdings nur CW, also Morsecode.

Der einzige Sender an Bord, der auch Sprechfunk senden kann, ist ein 200 Watt starker General Electric T-16 Sender, der im Frequenzbereich von 2.000 bis 3.000 kHz kalibrierbar ist.

Eine der Schwachstellen der Sendeanlage liegt auf der Antennenseite, es gibt nur eine einzige Antenne mit Umschalter, sodass die beiden Sender nicht gleichzeitig senden können.

Welche Receiver von welchem Hersteller auf der Itasca vorhanden sind, ist aus heutiger Sicht nicht mehr bekannt. Es darf aber angenommen werden, dass sie mindestens zwei voneinander unabhängige Receiver ohne Frequenzeinschränkungen besitzt, denn Cheffunker Bellarts gibt später zu Protokoll, dass sie Earhart ständig auf ihren beiden Sendefrequenzen 6.210 und 3.105 kHz hätten parallel auf zwei unabhängigen Receivern empfangen können.

Die Itasca ist mit einem Direction Finder ausgestattet, der im Bereich von 270 kHz bis 550 kHz arbeiten kann. Auch hier ist der Typ nicht bekannt.

Das alles lässt sich in folgender Tabelle zusammenfassen.

Itasca / Howland Island

	Frequenz [kHz]	halbe Wellenlänge [m]	Sendeleistung [Watt]	Übertragung
T-16A von	4.000	38	500	CW only
bis	18.100	8	500	CW only
T-10 von	2.000	75	200	Sprechfunk
bis	3.000	50	200	auf 3.105 abgest.
Receiver 1	unbekannt			
Receiver 2	unbekannt			
VDF von	270	556		
bis	550	273		
auf Howland Island				
T22 portable			gering	sendet zur Itasca
Navy VDF	unbekannt			

Auch unbekannt sind die Daten des portablen, batteriebetriebenen Navy Direction Finders. Das Gerät war wohl damals auch im Hinblick auf den drohenden Weltkrieg als streng vertraulich eingestuft und dies ist möglicherweise ein Grund, warum Kapitän Thompson das Gerät zunächst nicht an Bord nehmen will.

Es ist übrigens seltsam, dass selbst nach so langer Zeit die genauen Daten der Funkausrüstung und aussagekräftige Fotos insbesondere des damaligen Funkraums der Itasca und der Funkinstallation auf Howland Island bis heute nicht veröffentlicht sind.

Ist die Itasca für ihre Aufgabe eigentlich hinreichend gut gerüstet? Die Itasca ist für Peilaufgaben im normalen Frequenzbereich von 200 bis 550 kHz mit Morsecode gut geeignet, für die Anforderungen, die Earhart mit Sprechfunk und Peilung im hohen Frequenzbereich stellt, war sie es sicher nicht.

Die Abstimmung: Perspektive der Itasca

Unter den Passagieren ist Richard B. Black vom Innenministerium, der als Vertreter von Earhart an Bord geht, so hat es G.Putnam organisiert. Mit an Bord kommt Frank Cipriani, ein für die Aufgabe abkommandierter Funker, der den ebenfalls an Bord genommenen, brandneuen Navy Hochfrequenz Direction Finder bedienen soll. Er ist batteriebetrieben und der Plan ist, diesen direkt auf der Insel aufzubauen.

In der Zwischenzeit versucht Kapitän Thompson herauszubekommen, welche Frequenzen Earhart zu nutzen plant. Die erste Information, die noch von der ersten Planung im März stammt, Earhart werde auf 500 kHz morsen, stellt sich als veraltet heraus. Statt dessen erhält Black am 18. Juni eine Nachricht von Putnam:

- Earhart wird jeweils eine Viertelstunde vor und nach der vollen Stunde per Sprechfunk senden, und zwar auf 6.210 kHz tagsüber und 3.105 kHz nachts.
- Ihre Möglichkeiten auf 500 kHz seien von ‚dubioser Brauchbarkeit'.
- Earhart fragt nach den Funkfähigkeiten der Itasca
- Putnam bittet die Itasca, die Wettervorhersage für Howland Island nach Lae zu übermitteln.

Zu dieser Zeit wird die Sendeanlage der Itasca noch einmal überprüft und neu eingestellt.

Am Nachmittag des 18. Juni legt die Itasca ab und verlässt den Hafen in Honululu in Richtung Howland Island. Für die Crew der Itasca sind viele Fragen ungeklärt. Auf welcher Frequenz soll die Itasca senden, die Earhart als Leitfrequenz für ihren RDF verwenden wird? Die Aussage 500 kHz sei nicht verwendbar, stößt auf großes Unverständnis. Black sendet daher in Abstimmung mit Ensign Sutter, der für den Kommunikationsplan auf der Itasca verantwortlich ist, Putnam eine Nachricht, ‚man werde es auch mit 500 kHz versuchen'. Möglicherweise ist das der Versuch einer Klärung, doch Putnam reagiert hierauf nicht. Die Itasca hat eigenmächtig die Regeln geändert.

Es gibt noch zwei weitere Navy Wetterschiffe, nämlich die USS Ontario und die USS Svan, die Earhart auf ihrem Flug Hilfestellung geben sollen. Die Ontario steht auf dem Weg von Lae nach Howland Island, die Svan zwischen Howland Island und Hawaii. Deren Funkmöglichkeiten werden abgefragt. Am 22. Juni sendet die Itasca Telegramme an Earhart nach Darwin und Lae mit den Funkfähigkeiten der Schiffe und bittet um telegrafische Übermittlung von Earharts Anforderungen.

Am 23. Juni um 19:30 Ortszeit erreicht die Itasca Howland Island. Sie versorgt zuerst die Siedler auf Howland Island und auf der 40 Meilen entfernten Insel Baker Island. Am 25. Juni ist sie wieder zurück in Howland Island und kann sich der Earhart-Sache widmen.

Aus San Francisco kommt am 25. Juni die Nachricht, dass Putnam nun in Oakland sei und nach seiner Aussage Earharts RDF von 200 bis 1.400 kHz arbeite und dass sie 3.105 kHz für Sprechfunk nutzen werde.

Cheffunker Bellarts muss also den T-10 Voice Transmitter auf 3.105 kalibrieren. Am Samstag, den 26. Juni, kommt noch einmal eine lange Message des Commanders in San Francisco:

- Earharts RDF arbeitet auf 200 bis 1.500 kHz und 2.400 bis 4.800 kHz
- Itasca soll eine geeignete Leitfrequenz auswählen und schlägt 333 oder 545 kHz vor
- Itasca soll dies mit anderen Stationen testen
- Itasca soll Earhart die Leitfrequenz mitteilen

- Earhart sendet Sprechfunk auf 6.210 und 3.105 kHz jeweils eine Viertelstunde vor und nach der vollen Stunde
- Itasca soll Sprechfunk auf 3.105 zur vollen und halben Stunde nutzen
- Itasca soll bestätigen, wenn ihr T-10 Transmitter auf 3.105 kHz erfolgreich getestet ist

In dieser Nachricht wird nun im Widerspruch zur früheren Aussage behauptet, Earharts DF arbeite bis 4.800 kHz. Woher diese Information stammt ist später nicht mehr bekannt.

Am Nachmittag erreicht die Itasca eine Nachricht von Earhart aus Bandoeng vom 26. Juni, gesendet vor ihrem Abflug dort:

- USS Ontario soll jede halbe Stunde Morse-,N' auf 400 kHz für jeweils fünf Minuten wiederholen und zweimal ihr Rufzeichen bei jeder vollen Minute dazwischen setzen
- Die Itasca soll jede halbe Stunde Morse-,A' auf 7.500 kHz für jeweils fünf Minuten wiederholen und zweimal ihr Rufzeichen bei jeder vollen Minute dazwischen setzen
- Die USS Svan soll per Sprechfunk auf 9.000 KHz senden. Falls erfolglos, soll man es auf 900 kHz versuchen
- Sie sendet lange Nachrichten per Sprechfunk auf 3.105 kHz eine Viertelstunde nach und evtl. auch vor jeder vollen Stunde

Die 500 kHz Morsefrequenz ist nirgendwo erwähnt. Sie selbst will ausschließlich Sprechfunk nutzen und traut sich beim Morsen nur zu, ein ,N' (dah-dit) und ein ,A' (dit-dah) zu erkennen. Sie weiß, dass die USS Ontario nur morsen kann und offensichtlich ist ihr auch bekannt, dass die Itasca Sprechfunk nur auf 3.105 kHz abwickeln kann.

Es gibt einen Konflikt. Auf der einen Seite soll nun die Itasca auf 7.500 kHz morsen und auf der anderen Seite gemäß der Vorstellung des Commanders in San Francisco per Sprechfunk Kontakt aufnehmen. Das erste geht nur mit dem T-16-A, das zweite nur mit dem T-10 und die Itasca hat nur eine Antenne, man kann also nicht beides gleichzeitig senden. Offensichtlich ist das Earhart nicht bekannt.

Kapitän Thompson ist nicht wohl bei der ganzen Sache. Er verlangt von seiner Division vollkommene Eigenständigkeit. Sie wird im gewährt.

Am 27. Juni lässt sich Thompson von Black überreden, dass auf Howland Island der Hochfrequenz Direction Finder der Navy aufgebaut wird. Er war ursprünglich dagegen und hat sich in Honululu zunächst geweigert, das Ding überhaupt an Bord zu lassen. Das Gerät ist ein Prototyp ohne irgendeine Anleitung, niemand weiß, wie und ob es überhaupt funktionieren wird. Der Funker Frank Cipriani von der Roger B. Taney wird sich daran versuchen.

Am Montag, den 28. Juni sendet Thompson ein Telegramm nach Lae mit dem Inhalt, dass die Frequenzen „7.500, 6.210, 3.105, 500 und 425 kHz CW kalibriert sind, die letzten drei CW oder MCW (modulated carrier wave), Direction Finder Bereich 550 bis 270 kHz".

Am Dienstag und Mittwoch werden nur Wettermeldungen zwischen der Itasca und Lae ausgetauscht. Am 1. Juli zur Mittagszeit ist der Bodenwind auf Howland Island 12 Knoten aus Nordost und in 9.000 Fuß 27 Knoten aus Ost-Nordost.

Earhart ist bereits im Flug unterwegs aber die Itasca erhält die Information erst Stunden später von der San Francisco Division und dann auch noch mit einer falschen Zeitangabe: „Earhart took off at noon Lae time". Tatsächlich sind Earhart und Noonan bereits um 10:00 Uhr Lae Ortszeit gestartet.

Ein Punkt, der später weiter zur Verwirrung beitragen wird, ist die Tatsache, dass sich die Itasca nach ihrer eigenen Zeitdefinition orientiert und diese als Greenwichzeit plus 11:30 Stunden definiert.

Die Abstimmung: Perspektive von Earhart in Lae

Was Earharts Planung und Abstimmung mit der Itasca angeht, so muss man zunächst verstehen, dass Lae in Neuguinea im Jahr 1937 wirklich am anderen Ende der Welt liegt. Es gibt keinerlei Telefonverbindung und die telegrafischen Möglichkeiten beschränken sich von Lae aus auf vier Zeitfenster: 6 und 10 Uhr morgens und 14 und 18 Uhr am Nachmittag. Telegrafische Sendungen gehen über mehrere pazifische Relaisstationen und erreichen die Itasca über die Navystation (NMC) in San Francisco meistens erst mit einer Differenz von einem ganzen Tag.

Gemäß Elgen Long und auch dem Chater Report gibt es von Lae aus folgende telegrafische Nachrichten von Earhart an die Itasca (auszugsweise):

1. ... WILL BROADCAST HOURLY QUARTER PAST HOUR GCT FURTHER INFORMATION LATER.. (am 29. Juni Greenwich Datum)
2. ... NOW UNDERSTOOD ITASCA VOICING THREE ONE NAUGHT FIVE WITH LONG CONTINUOUS SIGNAL ON APPROACH CONFIRM... (am 30. Juni Greenwich Datum)
3. ... HER PLANE KHAQQ WILL TRANSMIT ON 6.210 KCS[9] QUARTER PAST EACH HOUR ON HER FLIGHT TO HOWLAND ISLAND (durch Howard, Vacuum Oil, 30. Juni Greenwich Datum)

Earhart und Noonan starten am übernächsten Tag, dem 2. Juli 1937.

Es ist schon erstaunlich aus heutiger Sicht, dass ein solch waghalsiger Flug mit solch geringer Abstimmung begonnen wird. Noch erstaunlicher wird das Ganze, wenn man die Information des Chater Reports hinzunimmt, was den Test ihres Radio Direction Finders angeht. Hiernach soll Earhart das Gerät am Vortag ihres Fluges, also am 1. Juli, zusammen mit Balfour von der Funkstation Lae getestet haben, indem sie versuchte eine Peilung nach Lae aus kurzer Distanz auf ihrer Sprachfrequenz 6.210 kHz vorzunehmen. Der Test verläuft angeblich negativ, sie kann kein Minimum ermitteln! Warum Earhart ohne funktionsfähiges RDF - dem Gerät, dass als Einziges ihr Leben sichern soll - startet, wird ihr ewiges Geheimnis bleiben. Offenbar hat sie grenzenloses Vertrauen in die Peilmöglichkeiten der Itasca.

Earhart ist nicht klar, dass das Bendix RDF nur bis maximal 1.500 kHz (verwirrend, denn das Empfangsteil arbeitet bis 15.000 kHz) funktioniert. Diese Annahme wird durch das zweite Telegramm oben bestätigt, in dem sie im Anflug ein kontinuierliches Voicesignal auf 3.105 kHz anfordert, also in einem Bereich weit außerhalb der Spezifikation ihres RDF! Es gibt auch keinerlei Handbuch, sodass auch der Funker Balfour in Lae diese Einschränkung bei ihren gemeinsamen Tests nicht erkennen kann.

---

[9] zu dieser Zeit wurde noch KCS = Kilo cycles per second statt kHz verwendet

Die Funksprüche des letzten Fluges

Schaut man sich die Funksprüche während des Fluges in der Übersicht an, so lässt sich zunächst einmal sagen, dass ihr Western Electric Transmitter die ganze Zeit über funktioniert hat. Sie wird anfänglich über die ersten sieben Stunden von Balfour in der Funkstation Lae empfangen bis zu einer Entfernung von ca. 800 NM. Cheffunker Bellarts auf der Itasca kann sie bereits sechs Stunden vor der letzten 8:43 Meldung empfangen, wenn auch anfangs nur vollkommen verrauscht, also auch etwa ab einer ähnlichen Entfernung von vielleicht 700-800 NM.

Es gibt zu keiner Zeit von Earhart einen Hinweis darauf, dass sie selbst etwas empfängt. Die Frage, ob ihr WE 20B Receiver überhaupt arbeitet, oder - wie TIGHAR meint - die Empfangsantenne fehlt, ist ungeklärt.

Die einzige Rückmeldung, dass sie selbst etwas empfangen hat, ist in der 8:03 Meldung zu finden „We received your signals but unable to take a minimum". Diese Meldung bezieht sich auf die vorher von ihr geforderte Morsecodesendung auf 7.500 kHz, die sie offensichtlich im Empfangsteil des RDF empfangen kann, aber es ist ihr nicht möglich, eine Peilung vorzunehmen. Es kann auch nicht funktionieren, da das Gerät nicht dafür gebaut ist, eine Peilung kann mit dem Bendix RDF nur bis 1.500 kHz vorgenommen werden.

Man kann viel darüber spekulieren, warum Earhart diese Information nicht hat. Ein Grund kann darin liegen, dass für die ursprünglich geplante Weltumrundung ihr Radionavigator Harry Manning das Gerät bedienen sollte. Allerdings muss man es schon als seltsam bezeichnen, dass Earhart offenbar während der langen Wochen vorher, das Gerät nie ausprobiert hat. Möglichkeiten hat es genug gegeben. „What put us north?" fragt sie Noonan nach ihrer gemeinsamen Südatlantiküberquerung. Dabei hätte sie mit Hilfe des Senders in Dakar oder auch vorher oder später problemlos erste Erfahrungen mit dem RDF sammeln können. Einige Biografen schreiben ihr später zu, dass Funktechnik für sie immer ein gewisses Geheimnis beinhaltet habe.

Ein weiterer Punkt muss festgehalten werden. Er betrifft die Frage, warum Earhart die 500 kHz Morsefrequenz nicht genutzt hat. 1937 ist das erstens die allgemeine Notfrequenz (zur vollen Stunden darf nicht gesendet werden und alle Schiffe horchen auf dieser Frequenz nach einem SOS-Ruf) und außerdem wird 99% allen Funkverkehrs zu dieser Zeit über 500 kHz eingeleitet und man wechselte dann auf eine benachbarte Frequenz z.B. 480 kHz für den weiteren Funkverkehr, und das alles mit Morsecode „dah-dit-dah-dit-dah usw.".

Obwohl sich aus heutiger Sicht letztendlich nicht mehr eindeutig beweisen lässt, was tatsächlich der Grund war, so lässt sich doch wie folgt argumentieren.

Das Senden auf 500 kHz erfordert eine relativ lange Antenne. Die zugehörige Wellenlänge ist 600 m und eine optimale Antenne wäre selbst bei der halben Wellenlänge 300 m lang und bei einem Viertel der Wellenlänge müsste man immer noch 150 m nutzen, was bei Flugzeugen nur durch eine Schleppantenne möglich ist, die während des Fluges auszurollen und vor der Landung einzurollen wäre[10]. Earhart und Noonan konnten oder wollten eine solche Antenne nicht bedienen. Es gibt Vermutungen, dass der Radiotechniker Gurr, der nach dem Hawaii Unfall an der Reparatur der Electra beteiligt war, versucht haben soll, die 24 m Antenne so zu ändern, dass auch auf 500 kHz senden und empfangen einigermaßen möglich gewesen wäre. Diese Kompromisslösung hat aber wohl dazu geführt, dass auch die anderen Frequenzen für den Sprechfunk arg in Mitleidenschaft gezogen wurden. Nach Aussage von Elgen Long hat Earhart daraufhin in Miami diese Antennenänderung rückgängig machen und dabei auch gleich die Morsetaste ausbauen lassen, da angeblich weder sie noch Noonan[11] morsen konnten.

Obwohl sich diese Vermutung nicht mehr beweisen lässt, ist sie hochgradig wahrscheinlich. Die Annahme wird erstens gestützt durch ein Telegramm von Putnam an Kapitän Thompson auf der Itasca, in dem er unter anderem mitteilt, dass die 500 kHz Frequenz der Electra nur noch von dubioser Brauchbarkeit sei.

---

[10] Auf dem ersten Flug nach Honululu war eine solche Antenne an Bord und wurde von Harry Manning bedient

[11] Diese Behauptung ist nicht ganz korrekt, Noonan hatte eine second class Commercial Radiotelegraph License (2/c CRL)

Zusammenstellung der Funknachrichten[12]:

LAE Zeit	UTC Zeit	Lokal zeit	Signal Stärke	Aufgezeichnete Nachrichten (aus den Originalen erstellt zur besseren Übersicht)
10:00	00:00			START in Lae, New Guinea
				Gemäß Funker Balfour in Lae, Neuguinea (Chater Report):
14:18	04:18			Height 7000 ft, speed 140 knots, everything ok.
15:19	05:19			height 10.000 ft, position 150.7 east, 7.3 south, cumulus clouds, everything ok.
17:18	07:18			position 159.7 east, 4.33 south, height 8.000ft over cumulus clouds, wind 23 knots.
				Meldung aus Nauru (ohne Protokoll)
20:30	10:30			a ship in sight ahead (which is probably the USS Myrtlebank, heading for Nauru)
				Gemäß den Protokollen auf der Itasca:
00:15	14:15	02:45	1-	*Bellarts: Heard Earhart plane but unreadable thru static*
01:15	15:15	03:45	2	EARHART TO ITASCA, overcast, will listen on hours and half hours on 3.105
02:23	16:23	04:53	1	*Bellarts: Heard Earhart saying (partly cloudy)*
03:44	17:44	06:14	3	EARHART TO ITASCA, Wants bearing will whistle in microphone about 200 miles out
04:15	18:15	06:45	4	EARHART TO ITASCA, Please take bearing on us and report in half an hour, I will make noise in microphone, about 100 miles out
05:12	19:12	07:42	5	EARHART TO ITASCA, We must be on you but cannot see you but gas is running low unable to reach you by radio we are flying at a 1000 feet
05:28	19:28	07:58	5+	EARHART TO ITASCA, We are circling but cannot here you go ahead on 7500 long count either now or on scheduled time on half hour
05:30	19:30	08:03	5+	EARHART TO ITASCA, We received your signals but unable to get a minimum please take bearing on us and answer with voice on 3.105
05:35	19:35	08:05		ITASCA TO EARHART: your signals received ok, we are unable to hear you to take a bearing it is impracticable to take a bearing on your voice on 3.105 how do you get tt go ahead /unanswered
06:13	20:13	08:43	5	EARHART TO ITASCA, we are on the line 157 337. We will repeat message. Will repeat this on 6.210 Kcs, wait.'
08:10	22:10	10:40		*Itasca beginnt mit ihrer Such- und Rettungsmaßnahme*

[12] Kopien der Originalprotokolle siehe Anhang

Die Annahme wird zweitens gestützt durch die Tatsache, dass Earhart auf ihrem letzten Flug zu keiner Zeit auf die 500 kHz Nachrichten der Itasca reagiert, wobei man allerdings auch nicht vollkommen ausschließen kann, dass sie die Nachrichten ignorierte.

Es steht aber zweifelsfrei fest, dass ihr Receiver RA-1B des RDB auch mit der Loopantenne die 500 kHz Sendungen der Itasca zumindest auf kurze Entfernung (ca. 30-50 NM) hätte empfangen und anpeilen können, nur das Earhart dies nie versucht hat. Aus irgendeinem Grund ist sie auf hohe Frequenzen fixiert und versucht die ganze Zeit über mit diesen eine Peilung zu bekommen.

Vergebliche Peilversuche

Ein überaus interessanter Punkt ist der des Navy Hochfrequenz Direction Finders, welcher angeblich in der Lage gewesen sein soll, eine Peilung auf Earharts „hohen" Sprechfunkfrequenzen von 3.105 kHz und 6.210 kHz vorzunehmen und Earhart geht offensichtlich ganz fest davon aus, dass man auf Howland Island ihre Sprechfunksendung zur Peilung nutzen kann. Earhart will um 17:44 und 18:15 UTC, dass die Itasca eine Peilung auf ihrer Sprechfunkfrequenz vornimmt.

Man darf ohne Zögern davon ausgehen, dass die Geschichte mit dem Navy RDF eine überaus dubiose Geschichte ist. Das Gerät wird offenbar sehr kurzfristig durch Black von der Navy organisiert. Thompson weigert sich in Hawaii aus irgendeinem Grund zunächst das Gerät überhaupt an Bord zu nehmen. Schließlich gibt er nach und lässt es später zu, dass der vom Küstenschiff Roger B. Taney ausgeliehene Funker Frank Cipriani das RDF auf der Insel aufbauen darf. Cipriani hat das Gerät vorher nie gesehen und es gibt kein Handbuch dazu.

Es gibt keinerlei Hinweise darauf, dass der Navy RDF in den Händen von Cipriani irgendwann einmal funktioniert hat. Ob testweise eine Sprechfunkpeilung direkt zur Itasca und dem T-16 positive Ergebnisse hatten, ist nicht bekannt. Später heißt es in den offiziellen Berichten, dass bei dem Gerät zur Zeit von Earharts Näherkommen die Batterien versagt haben sollen. Das Ganze riecht förmlich nach Verschleierung, möglicherweise will die Navy auf keinen Fall zugeben, dass man entweder es nicht geschafft hatte eine trainierte Person an das Gerät zu setzen oder aber dass das Gerät überhaupt nicht funktionierte. Man muss bedenken, dass es bereits überall nach Krieg roch. Es gibt trotz Anwesenheit von zwei Pressefotografen keinerlei Fotos von Cipriani und dem Navy RDF auf Howland Island. Die Einträge im Logbuch, das die Aktivitäten des Navy RDF aufzeichnet, werden von Yau Fai Lum, dem Radioamateur der Kolonisten auf Howland Island, später als reine Erfindungen (bogus) bezeichnet.

Hinzu kommt, dass der Report von Kapitän Thompson bis in die Sechziger Jahre als ‚classified information' eingestuft wurde. Sogar Paul Mantz, Earharts technischer Berater und Freund, schafft es 1937 selbst durch Anfrage bei Roosevelt im Weißen Haus nicht, den echten Report zu bekommen. Er erhält nach massivem Drängen nur eine wesentlich gekürzte Version.

Nachdem eine Peilung auf Earharts Sprechfunkfrequenz negativ ist, versucht sie selbst zu peilen und fordert um 19:28 von der Itasca auf 7.500 kHz zu morsen. Sie empfängt die Signale, kann aber - wie wir bereits wissen - auch selbst keine Peilung vornehmen.

Nun, da all ihre Versuche eine Peilung zu erhalten, sowohl fremd von der Itasca bzw. Howland Island und als auch eigen durch ihr RDF fehlgeschlagen sind, gibt es nur noch eine Chance, die astronomische Navigation. Kann Fred Noonan astronomisch so genau navigieren, sodass sie die Insel auch ohne RDF in Sicht bekommen?

Noonans Astronavigationsmethode

Wir wollen uns der zweiten Navigationsmethode zuwenden, der Astronavigation. Wie gut kann sich Earhart auf Noonans Navigationsmethode nach den Sternen verlassen?

Noonan nutzt hierbei einen so genannten Blasensextanten. Ein Blasensextant ist im wesentlich nichts anderes als ein normaler Sextant, nur dass anstatt des Horizontes ähnlich wie in einer Wasserwaage eine Luftblase in einer Flüssigkeit die Rolle des Horizontes übernimmt. Dies ist notwendig, da man im Flugzeug oft über den Wolken ist und demgemäß die Sicht auf den Horizont versperrt ist oder der Horizont wegen anderer Sichthindernisse z.B. Berge nicht genutzt werden kann.

Mit dem Blasensextanten misst man wie mit dem normalen Sextanten auch den Winkel eines Himmelskörpers zum Horizont oder zur Kimm wie der Seemann sagt. In der Regel nutzt man tagsüber die Sonne als Himmelskörper und nachts Mond und ggf. sehr helle Sterne. Der Winkel muss mit hoher Präzision gemessen werden, denn die daraus bestimmte Position ist sehr stark von der Genauigkeit des gemessenen Winkels abhängig. Bei einem Blasensextanten wird daher die Messung für einen bestimmten Zeitraum z.B. für eine Minute lang ständig wiederholt und der Winkel wird dann als Mittelwert aller Messungen bestimmt.

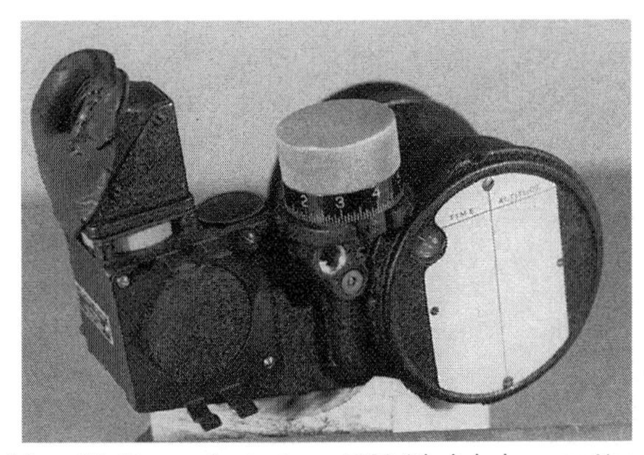

Abbildung 56: Pioneer Sextant von 1932 (ähnlich dem von Noonan)

Wie funktioniert nun das Messprinzip? Wie werden sehen, dass es ziemlich einfach ist. Betrachten wir die Sonne. Zu einer bestimmten Zeit gibt es genau einen Punkt auf der Erde, wo die Sonne senkrecht d.h. im Zenit steht. Ein senkrecht in der Erde befestigter Stab würde dort keinen Schatten werfen. Der Punkt heißt Bildpunkt der Sonne.

Wie man in der folgenden Grafik sehen kann, verlaufen alle Orte, an denen man die Sonne zu dieser Zeit unter dem gleichen Winkel sehen kann, kreisförmig (in der Zeichnung die weißen Linien) um den Bildpunkt. Das bedeutet, dass wir aus dem mit dem Sextanten gemessenen Winkel errechnen können, wie weit wir von dem Bildpunkt entfernt sind. Wir erhalten eine kreisförmige Standlinie. Als Standlinie bezeichnet man dabei die Menge aller Orte, an denen sich der Beobachter befinden kann.

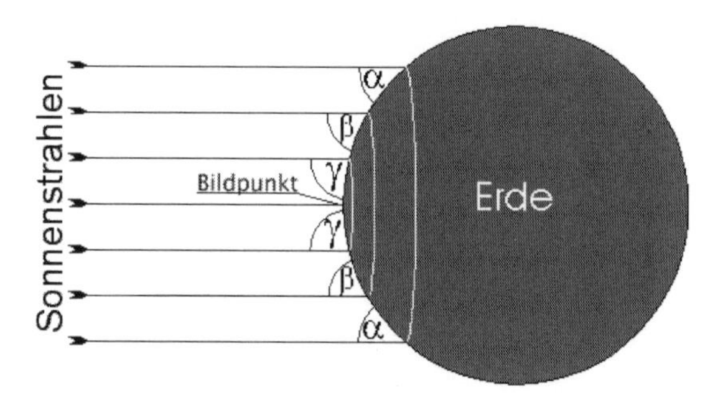

Wir können den Abstand r vom Bildpunkt über den mit dem Sextanten gemessenen Winkel α berechnen.

$$r = (90° - \alpha) * 60 \quad \text{in NM}$$

Das Ergebnis erhält man in nautischen Meilen, denn ein Grad auf dem Äquator oder einem sogenannten Großkreis entspricht 21.600 NM/360° = 60 NM. Misst man also α=80°, so ist man r = (90°-80°)*60 = 600 NM vom Bildpunkt entfernt. Wie erhält man nun Kenntnis davon, wo exakt der Bildpunkt liegt? Antwort: im Nautischen Almanach. Dort ist für jeden Tag des Jahres in Tabellen festgelegt, wo zu welcher Zeit die Bildpunkte der Sonne und einiger anderer Gestirne liegen. Es ist natürlich klar, dass man hierzu eine genormte Weltzeit nutzen muss und nicht etwa irgendeine lokale Uhrzeit. Man verwendet hierzu die Greenwichzeit.

Das gesamte Messprinzip geht (vereinfacht) wie folgt:

- Man misst mit dem Sextanten den exakten Winkel der Sonne in Grad, Minuten und Sekunden und notiert gleichzeitig die Zeit
- Man rechnet die lokale Zeit in Greenwichzeit um (die Uhr muss synchron zur Greenwichzeit laufen!)
- Man schaut im Nautischen Almanach oder heutzutage im Computer den Bildpunkt der Sonne nach (Längen- und Breitengrad)
- Man errechnet den Abstand hiervon nach obiger Formel

Nun ganz zufrieden wird man nicht sein, denn man hat noch keine Position sondern nur einen Abstand. Um eine Position zu ermitteln, gibt es mehrere Möglichkeiten.

Hat man nur einen Sextanten, so kann man die Messung z.B. nach einer Stunde wiederholen und erhält einen zweiten Kreis um einen neuen Bildpunkt. Dort, wo die Kreise sich schneiden, ist die eigene Position. Die Messung setzt allerdings voraus, dass man sich selbst (nahezu) nicht bewegt hat, ist also für ein Flugzeug, das selbst z.B. 140 NM pro Stunde zurücklegt, nicht besonders geeignet. Eine weitere Möglichkeit ist zusätzlich mit einem Kompass den sogenannten Azimutwinkel der Sonne zu ermitteln. Der Azimutwinkel ist der Winkel des Sonnenstandes gemessen von der eigenen Position aus zur Nordrichtung der Erde. Der Winkel wird dabei von Norden aus nach rechts positiv gemessen. Es gibt nur einen Punkt auf dem Kreis, den wir ja mittels Sextanten ermittelt haben und der gleichzeitig einen Azimutwinkel von sagen wir einmal 90° hat. Das wäre nämlich der Punkt ganz im Westen also bei 270° auf besagtem Kreis. Noonan verwendet zur Messung des Azimuts ein präzises Messfernrohr. Der Azimutwinkel kann auch ermittelt werden, indem man direkt auf die Sonne zu fliegt, den Kompasswert abliest und auf den wahren Kurs umrechnet. Die Richtung der Sonne lässt sich dabei grob z.B. durch den Schattenwurf einer Mittelsäule des Cockpitfensters oder besser durch eine Art Sonnenuhr ermitteln.

Abbildung 57: Bubble Sextant im FS 2004 (Beaumont & Bitzer)

Die Navigation mit einem Bubblesextanten wird in der Regel noch etwas anders durchgeführt. Der Navigator schätzt die momentane Position oder nimmt eine Zielposition an und ermittelt dann mit Hilfe des Sextanten den Abstand dazu. Im Bild oben ist die Position mit 0° 0' Breite und 178° 0' östlicher Länge geschätzt. Das Flugzeug, eine alte DC3, fliegt mit 61 Grad den direkten Kurs auf die Sonne zu (=Azimut). Man „schießt" nun die Sonne durch das Okular und gleicht das Bild der Sonne mit der Luftblase (Bubble) ab. Außen am Gerät lässt sich dann der Winkel ablesen: 4° 45'. Hieraus lässt sich der Abstand von der geschätzten Position errechnen: in unserem Fall 55 NM. Hierbei hat auch das Vorzeichen eine Bedeutung: plus heißt man ist noch vor der geschätzten Standlinie, minus heißt man ist bereits darüber hinaus.

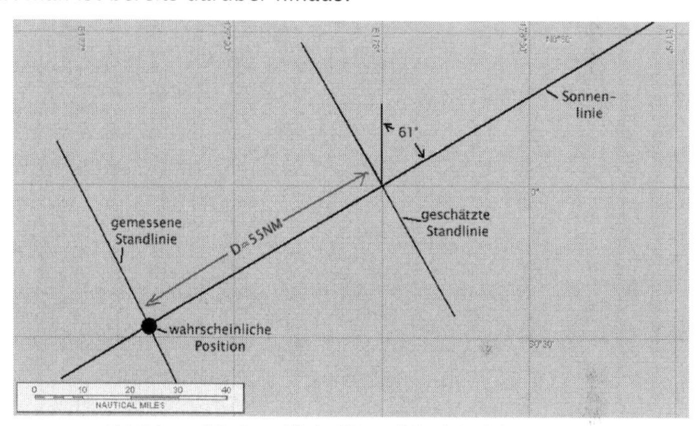

Abbildung 58: Standlinie (Line of Position) bestimmen

Wir befinden uns in unserem Beispiel also noch 55 NM vor der geschätzten Standlinie, also noch nahezu am 177sten östlichen Längengrad.

Wie genau ist die Messung? Nehmen wir einmal in diesem Fall einen Messfehler von +-10 Bogenminuten an. Wie man schnell selbst ausrechnet, ist der Fehler in diesem Fall dann +- 10 NM. Bereits ein solch kleiner Messfehler verursacht eine gewaltige Abweichung bei der Positionsbestimmung. Dies liegt bei unserem Beispiel daran, dass wir kurz nach dem Sonnenaufgang gemessen haben, der Bildpunkt der Sonne ist noch über

5.000 NM entfernt! Die Messung muss außerdem schnell erfolgen, denn der Bildpunkt der Sonne wandert am Äquator mit 900 NM pro Stunde.

Nachts lässt sich natürlich der Mond oder helle Sterne anstelle der Sonne verwenden. Allerdings hat die Astronavigation eine ähnliche Schwachstelle wie die terrestrische Navigation. Falls man in oder unter Wolken fliegen muss, kann man den Sextanten nicht nutzen und hat noch nicht einmal die Möglichkeit einer annähernden Orientierung.

Noonans Navigation auf dem letzten Flug

Wie gut war Noonans Navigation während des letzten Fluges nach Howland Island? Bleibt man zunächst bei den Fakten, so gibt es während des gesamten Fluges nur zwei dokumentierte Positionsmeldungen, die erste nach 5:19 Stunden und die zweite nach 7:18 Stunden. Die erste Positionsmeldung ist verwirrend und enthält mit Sicherheit einen Übertragungsfehler (156.7 East ist wahrscheinlicher[13]). Die zweite Positionsmeldung ist ziemlich genau auf Kurs etwa 100 NM vor der kleinen Insel Nukumanu.

15:19	05:19		height 10.000 ft, position 150.7 east, 7.3 south, cumulus clouds, everything ok.
17:18	07:18		position 159.7 east, 4.33 south, height 8.000ft over cumulus clouds, wind 23 knots.

Die zweite Position stimmt ziemlich genau mit dem Sonnenuntergang in der Electra überein, den Noonan um 7:18 unter einem Azimut von 293,2° mit dem Sextanten ausmisst. Darüber hinaus kann die Frage nur spekulativ beantwortet werden. Am Ende des Fluges gibt es nur noch die Angabe der Standlinie in der Richtung 157-337 grad. Es gibt keine Positionsangabe und auch keine Angabe, worauf sich die Line of Position bezieht. Die Interpretation, dies sei eine Standlinie durch Howland Island, ist bereits eine Annahme.

06:13	20:13	08:43	EARHART TO ITASCA, we are on the line 157 337. We will repeat message. Will repeat this on 6.210 Kcs, wait.'

[13] Bei dieser Annahme verlängert sich die Strecke bereits auf 2.279 NM

Wie kann diese Standlinie überhaupt entstanden sein? Man kann davon ausgehen, dass sich Noonan bereits vor Sonnenaufgang seine Tabellen aus dem Almanach zurechtgelegt hat. Er wusste vorher, dass die Sonne, wenn sie aufgehen würde, von ihrer Position aus einen Azimutwinkel von 67° haben würde, sofern sie korrekt auf Kurs waren. Hieraus berechnet sich auch eine Standlinie bei Sonnenaufgang (sun line of position) mit einer Ausrichtung von 157-337 als rechtweisender Kurs also bezogen auf den geografischen Nordpol.

Wann für Noonan und Earhart im Flugzeug die Sonne aufging, hängt natürlich von ihrer Geschwindigkeit über Grund ab und ist letztendlich spekulativ. Die Sonne ging auf ihrem Flug wahrscheinlich um 17:59 UTC auf. Die Information lässt sich mit einem entsprechenden Programm ermitteln[14].

Der Sonnenaufgang findet folglich zwischen der ‚200 miles out' Nachricht und der ‚100 miles out' Nachricht statt. Er kann übrigens nicht vor oder bei der 200 miles out Nachricht um 17:44 gewesen sein, da die Sonne auf Howland Island erst um 17:50 UTC aufging d.h. bei einer solchen Annahme wären sie schon an der Insel vorbei gewesen.

UTC Zeit	Aufgezeichnete Earhart Funksprüche	angenommene Position	Azimut der Sonne	Winkel der Sonne
17:44	Wants bearing will whistle in mic about 200 miles out			
	Sonnenaufgang 17:59 UTC	N 00.20 E 178.55	67,00	0,00
18:15	Please take bearing on us and report in half an hour, I will make noise in mic, about 100 miles out	N 00.30 E 178.05	66,90	2,00
19:12	We must be on you but cannot see you but gas is running low unable to reach you by radio we are flying at a 1000 feet			
19:28	We are circling but cannot here you go ahead on 7500 long count either now or			

[14] Prof. James Bass Azimuth ‚Altitude Calculator for the Sun' zu finden im Internet unter http://jamesrbass.com/sunform.aspx

	on scheduled time on half hour			
19:30	We received your signals but unable to get a minimum please take bearing on us and answer with voice on 3.105			
20:13	We are on the line 157 337. We will repeat message. Will repeat this on 6.210 Kcs, wait.'			
20:13	Howland Island Position (Sonnenaufgang 17:50 UTC)	N 00.82 W 176.72	62,90	32,70

Rechnen wir nach. Der Bildpunkt der Sonne ist am 02.07.1937 beim Sonnenaufgang um 17:59 Greenwichzeit bei[15] W 88° 47.2' N 23° 2.3'. Bei Sonnenaufgang ist $\alpha=0$ und damit r=5.400 NM, entspricht also genau einem Viertel des Erdumfangs. Die Sonne erscheint dabei dem Betrachter in der Nähe der Datumslinie unter einem Azimut von 67°.

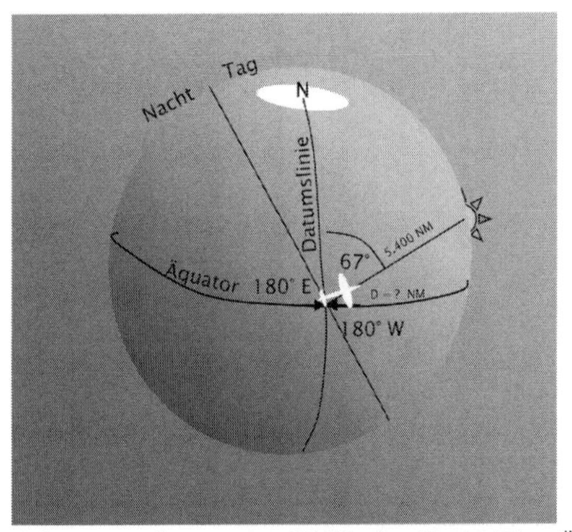

Wo liegt bei Sonnenaufgang um 17:59 der Nacht/Tag-Übergang am Äquator? Wir können hierzu eine Formel aus der sphärischen Trigonometrie bemühen:

$$D = \arccos\left(\sin(B1) * \sin(B2) + \cos(B1) * \cos(B2) * \cos(L1 - L2)\right) * 60 \quad \textit{in NM}$$

[15] siehe Tabelle der Bildpunkte der Sonne am 2.7.1937 auf Seite 102

D ist dabei die zu berechnende Differenz, B1,B2 sind die jeweiligen Breitengrade und L1,L2 die jeweiligen Längengrade. Wir müssen nur die Position des Bildpunktes B1,L1 einsetzen, null für die Breite B2 und wir können L2 berechnen. Die Rechnung ist in der folgenden Tabelle mit Hilfe von Excel durchgeführt.

		in Radiant	sin	cos
Breite1	23,038	0,402088953	0,391341544	0,920245508
Länge1	-88,786	-1,54960803		
Breite2	0	0	0	1
Länge2	-178,786	-3,120404287		
		Länge1-Länge2=		1,570796257
		cos (L1-L2)=		6,95646E-08
		Term1/Term2 =	0	6,40165E-08
		{T1+T2}=		6,40165E-08
		arccos {} (rad)=		89,99999633
			D (x 60 NM)=	5.400,0

Die Position des Sonnenaufgangs genau auf dem Äquator liegt an diesem Tag um 17:59 etwa 1,214*60 =72,84 NM östlich - in Flugrichtung also hinter - der Datumslinie. Von dieser Standlinie bei Sonnenaufgang sind es noch 132 NM bis nach Howland Island. Dies passt mit Earharts Meldung um 18:15 UTC ‚we are about 100 miles out' zusammen, denn sie sind in den 16 Minuten davor bei 30 NM zurückgelegter Strecke noch etwa 100 NM von Howland entfernt.

Die Sonne und damit die Nacht/Tag-Linie fliegt am Äquator mit einer Geschwindigkeit von 15 NM pro Minute nach Westen. Je nachdem welche Annahme man für den Sonnenaufgang in der Electra macht, erhält man pro Minute eine um 15 NM verschobene Position.

Rechnet man von der angenommenen Position um 18:15 eine Stunde bei 110-115 Knoten Groundspeed weiter, dann sind Earhart und Noonan tatsächlich um 19:12 ‚we are on you' in der Nähe der Insel, auch die Empfangsstärke des Sprechfunks wird bei den Meldungen um 19:28 und 19:30 mit 5 plus notiert, allerdings kann - wie es aussieht - Noonan seine Position nicht exakt genug bestimmen.

DATUM: 02.07.1937

SONNE (Bildpunkt)					
UTC	Länge		Breite		
h	grad	min		grad	min
0	179	4,4	N	23	5,6
1	194	4,2	N	23	5,4
2	209	4,1	N	23	5,2
3	224	4	N	23	5,1
4	239	3,9	N	23	4,9
5	254	3,8	N	23	4,7
6	269	3,6	N	23	4,5
7	284	3,5	N	23	4,4
8	299	3,4	N	23	4,2
9	314	3,3	N	23	4
10	329	3,2	N	23	3,8
11	344	3	N	23	3,6
12	359	2,9	N	23	3,5
13	14	2,8	N	23	3,3
14	29	2,7	N	23	3,1
15	44	2,6	N	23	2,9
16	59	2,5	N	23	2,7
17	74	2,3	N	23	2,5
18	89	2,2	N	23	2,3
19	104	2,1	N	23	2,2
20	119	2	N	23	2
21	134	1,9	N	23	1,8
22	149	1,7	N	23	1,6
23	164	1,6	N	23	1,4

Aus der Tatsache, dass Noonan selbst zwei Stunden nach Sonnenaufgang seine Standlinie bei Sonnenaufgang nicht geändert hat und auch Earhart keine Position angibt, kann man eigentlich nur schließen, dass es wetterbedingt zu diesem Zeitpunkt überhaupt nicht möglich ist, den Sextanten und die Sonne zur Navigation zu nutzen. Earhart und Noonan sind also wahrscheinlich in den Wolken oder zumindest unterhalb einer geschlossenen Wolkendecke. Im Wetterbericht von Howland Island wird eine Regenfront nördlich der Insel erwähnt.

Noonan kannte wahrscheinlich seine exakte Position nicht, er kann nur bei Sonnenaufgang auf seine ‚sun line of position' schließen. Ebenfalls wahrscheinlich ist, dass Noonan nachts mit dem Blasensextanten keine Sterne schießen kann, denn auch zu dieser Zeit gibt es von Earhart keine Positionsmeldungen. Die 100 miles out Meldung kommt kurz nach Sonnenaufgang und korrigiert die 200 miles out Meldung, die gerade einmal eine halbe Stunde alt ist. Die 100 miles out Meldung ist mit ziemlicher Sicherheit eine Standlinienentfernung der aktuellen Position bei Sonnenaufgang zur Standlinie durch Howland Island. Sie sagt nichts darüber aus, ob sie auf oder links oder rechts vom Kurs sind. So wie es aussieht, löst Noonans Astronavigation ihr Problem nicht. Sie sind beide verloren, sofern sie die Insel nicht per Sicht finden können.

Genau das versuchen Earhart und Noonan nach der 19:35 Meldung ‚we received your signals..' und fliegen offenbar auf dem Kurs ihrer Standlinie 157°/337°. Leider gibt dabei Earhart zu keiner Zeit bekannt, welche vermutliche Position sie haben und welchen Kurs sie fliegt, ein Umstand, der aus heutiger Sicht vollkommen unverständlich ist. So hat sie der Itasca später jegliche Chance genommen, zumindest eine ungefähre Orientierung für die Suche zu haben. Der einzig verbleibende Anhaltspunkt ist die Signalstärke der letzten Meldung um 20:13 UTC / 8:43 Ortszeit: Sie ist etwas schwächer geworden. Also haben sich Earhart und Noonan wieder etwas von der Insel entfernt.

Wo sie sich um 20:13 tatsächlich aufhalten und was danach geschah, ist rein spekulativ. Geht man von der Annahme aus, dass sie sich um 19:30 nicht weiter als 30-40 NM von der Insel entfernt befanden, dann darf man nun spekulieren, in welche Richtung sie auf die Standlinie eingedreht sind. Einige sagen, nach Süden wegen der Chance Baker Island zu treffen. Auf jeden Fall reicht ihr Flugbenzin wie es aussieht nur noch für 45 Minuten, was bei 110 Knoten einer Entfernung von 82 NM entspricht. Danach erfolgte ihre Notlandung wahrscheinlich in einem Radius von 120 NM um Howland Island.

Falls Earhart und Noonan die Notwasserung tatsächlich überlebt haben sollten (es gibt 1937 noch keine Anschnallgurte), dann ist die Electra mit ziemlicher Sicherheit innerhalb von fünf bis maximal zehn Minuten gesunken, erstens wegen der Kopflastigkeit der schweren Motoren und zweitens, weil die Tanks über die offenen Entlüftungen und Notablassventile vollliefen. Da Earhart und Noonan aus Gewichtsgründen auch kein Rettungsboot mit einer Notausrüstung[16] an Bord haben, bleiben ihnen wenig Chancen fürs Überleben in diesem riesigen Ozean.

[16] es wird vermutet, dass sie wie auf dem ersten Hawaiiflug nur zwei Schwimmwesten an Bord hatten

Das Wetter am 2. Juli 1937

Niemand hat irgendwelche Detailinformationen zum Wetter, durch das Earhart und Noonan am 2. Juli 1937 fliegen. Im Jahre 1937 gibt es noch keine vergleichbare Wettervorhersage wie heute, dies gilt ganz besonders für die pazifische Region. Im Wesentlichen kommen damalige Wettereinschätzungen aus Hawaii und Australien. Die Möglichkeiten der Meteorologen waren äußerst eingeschränkt.

Earhart erhält telegrafisch das Wetter in Nauru vom 30. Juni 1937, 8 Uhr morgens. Der Wind kommt aus südöstlicher Richtung mit der Stärke 3, was mit dem generellen pazifischen Wettermuster übereinstimmt.

WEATHER 8 AM BARO. 29.908 THERM 84 WIND SE 3 FINE BUT CLOUDY SEA SMOOTH TO MODERATE (Quelle: Chater Report)

Am 1. Juli 1937, um 7:30 Uhr kommt der folgende Wetterbericht via Tutilla von der Flottenbasis in Pearl Harbour:

"EARHART LAE (Quelle: Chater Report)

FORECAST THURSDAY LAE TO ONTARIO PARTLY CLOUDED RAIN SQUALLS 250 MILES EAST LAE WIND EAST SOUTH EAST TWELVE TO FIFTEEN PERIOD ONTARIO EO LONG ONE SEVEN FIVE PARTLY CLOUDY CUMULUS CLOUDS ABOUT TEN THOUSAND FEET MOSTLY UNLIMITED WIND EAST NORTH EAST EIGHTEEN THENCE TO HOWLAND PARTLY CLOUDY SCATTERED HEAVY SHOWERS WIND EAST NORTH EAST FIFTEEN PERIOD AVOID TOWERING CUMULUS AND SQUALLS BY DETOURS AS CENTRES FREQUENTLY DANGEROUS

FLEET AIR BASE PEARL HARBOUR

Die Vorhersage für die Strecke bis zur USS Ontario beginnt mit einer Regenfront 250 Meilen östlich von Lae, Wind aus Ost-Südost bei 12 bis 15 Knoten. Danach östlich der Ontario teilweise bewölkt, Cumuluswolken bis über 10.000 ft, Sicht meist unbegrenzt, danach auf der Strecke nach Howland: Wind aus Ost-Nordost mit 18 Knoten. Vereinzelt heftige Schauer, Gewitterkumulus und Böenwalzen durch Umfliegen meiden, da meist gefährlich.

Am 2. Juli, also am Tag ihres Abfluges erhält Earhart keine Wettervorhersage vor ihrem Start. Danach erhält Lae folgende Telegramme, die durch Balfour zur Electra übertragen werden.

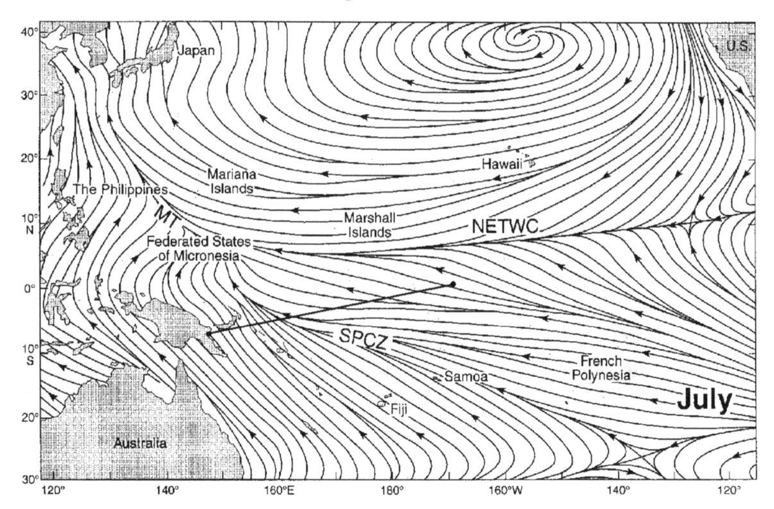

Abbildung 59: Oberflächenwinde im Juli, NETWC = near-equatorial trade wind convergence, SPCZ= South Pacific convergence zone, MT =Monsoon Trough (Quelle: Sadler 1987)

EARHART LAE (Quelle: Chater Report)

ACCURATE FORECAST DIFFICULT ACCOUNT LACK OF REPORTS YOUR VICINITY PERIOD CONDITIONS APPEAR GENERALLY AVERAGE OVER ROUTE NO MAJOR STORM APPARENTLY PARTLY CLOUDY WITH DANGEROUS LOCAL RAIN SQUALLS ABOUT 300 MILES EAST OF LAE AND SCATTERED HEAVY SHOWERS REMAINDER OF ROUTE PERIOD WIND EAST SOUTH EAST ABOUT TWENTY FIVE KNOTS TO ONTARIO THEN EAST TO EAST NORTH EAST ABOUT 20 KNOT TO HOWLAND FLEET BASE PEARL HARBOUR

Und von Nauru kommt folgendes (Quelle: Chater Report): BARO 29.898 THEMO 83 WIND EASTERLY 3 CLOUDY BUT FINE CLOUDS CI CI STR CU CUMI MOVING FROM EASTERLY DIRECTION SEA SMOOTH. NARU 8 AM UPPER AIR OBSERVATION 2000 FEET NINETY DEGREES 14 MPH 4000 FEET NINETY DEGREES 12 MPH 7500 FEET NINETY DEGREES 24 MPH".

Die Wettervorhersage hat sich nicht verbessert, im Gegenteil. 300 Meilen östlich von Lae steht eine bedrohliche Regenfront. Vereinzelt heftige Schauer während der gesamten restlichen Strecke. Der Wind anfänglich aus Ost-Südost mit 25 Knoten bis zur USS Ontario, danach aus Ost-Nordost mit 20 Knoten bis Howland Island.

Inwieweit Noonan oder Earhart die beiden Wetterberichte erhalten und verstehen, ist unklar. Earhart selbst berichtet während ihres Fluges um 5:19 von Cumuluswolken, um 7:18 ,sind über Cumuluswolken in 8.000 Fuß, Wind mit 23 Knoten'. Um 14:15 will Bellarts auf der Itasca Earhart mit den Worten ,geschlossene Bewölkung' gehört haben. Um 16:23 gibt es noch eine ,teilweise bewölkt' Aussage von Earhart.

Im Hooven Report wird später berichtet, dass am Morgen des 2. Juli 1937 nördlich von Howland Island Wolken standen, wohingegen das Wetter im Süden klar war. ("There had been clouds to the north, while the weather was clear to the south.") Der Bodenwind wurde an diesem Morgen auf Howland Island mit etwa 6-8 Knoten aus Ost gemessen.

Elgen Long stuft in seinem Buch 'The Mistery Solved' das Wetter an diesem Tag als ganz normales Pazifikwetter ein. Vielleicht ist das richtig, am Äquator herrschen andere Gesetze vor und die Wolkenbildung ist auf Grund der hohen Sonneneinstrahlung anders als in mittleren Breiten. Der Gegenwind von im Mittel wohl 20-25 Knoten kann als normal für Juli eingestuft werden (siehe Abbildung 59). Es wirkt sich hier negativ aus, dass Earhart die Ostrichtung mit dem ständigen Gegenwind für ihre Weltumrundung gewählt hat.

Soweit man das überhaupt beurteilen kann, herrscht kein Extremwetter mit Stürmen oder gar einem Taifun. Allerdings waren die Regenfronten sicher zumindest hinderlich und Earhart musste wahrscheinlich mindestens eine - nämlich die bei 300 Meilen östlich von Lae - umfliegen, was die Gesamtflugstrecke wahrscheinlich auf ca. 2.300 NM vergrößert hat. Das Wetter darf man sicher als unfreundlich, tagsüber turbulent und daher für die lange Strecke als alles andere als ideal einordnen.

Performance und Verbrauch von Earharts Electra

Leider gibt es für die Lockheed Electra keine Performanceangaben, wie sie für heutige Flugzeuge üblich sind. 1936 werden Speeds noch nicht tabellarisch als True Airspeeds (TAS) bei unterschiedlichen Höhen in Fuß und verschiedenen Außentemperatur (ISA +- 10/20°C) und jeweiliger Masse des Flugzeugs angegeben. Es ist unklar, wie die Werte bei der Lockheed 10-A (siehe Seite 42) gemessen wurden.

Wir haben für Earharts Electra nur wenige Anhaltspunkte.

Ihre eigene Angabe im Buch ‚Last Flight' enthält beim Flug von Natal nach Dakar die Angabe „Indicated our speed 140 (mph) at 5.780 ft MP 26,5 rpm 1700.." (entspricht 121 KIAS / 136 KTAS).

Des Weiteren kann man aus den Flugplanungen entnehmen (z.B. jene von Hawaii nach Howland Island der ersten Planung berechnet durch Clarence Williamson), dass die Flüge mit einer Groundspeed von 150 mph (130 kts) geplant wurden.

Die Werte der maximalen Reisegeschwindigkeit dürfte bei ca. 170 KTAS in 8.000 ft gelegen haben, geringfügig über der des 10-A Modells allerdings nur beim Standardgewicht.

Dieser Wert und auch die maximale Geschwindigkeit von ca. 180 KTAS sind allerdings für Earharts typische Long Distance Flüge irrelevant, da hierbei meist zwischen 55% bis hinunter zu 45% Leistung geflogen wird. Nur bei Gegenwind wird die Leistung beim Long Range Flug erhöht. Hinzu kommt, daß Earharts Flugzeug wegen des hohen Gewichtes zumindest am Anfang mit einem höheren Anstellwinkel fliegen muß, was zusätzlich Geschwindigkeitsverlust bedeutet.

Was die Verbrauchswerte von Earharts Electra angeht, so gibt es hier sehr verläßliche Angaben in den Telegrammen von Kelly Johnson (siehe Seite 168ff) im März 1937 vor dem Flug nach Hawaii.

Hieraus lassen sich mit ein wenig Rechenaufwand folgende Werte ableiten (Tabelle des Autors):

Höhe	RPM	Manifold Press.	Cam-bridge	Verbr. [Gal/h]	Power [%]	TAS [kts]	Verbr. [kg/h]	Power [PS]	SFC [kg/PSh]
Start	2200	32	0,78	93	100%		253	1100	0,23
Steigflug	2050	28,5	0,78	77	85%		209	940	0,222
4.000 ft	1800	28	0,73	58	70%		157	770	0,204
5.000 ft	1800	28	0,70	52,4	60%		142	660	0,215
5.000 ft	1900	29	0,71	51,5	59%		140	650	0,215
5.000 ft	1800	26	0,71	43	49%		117	540	0,216
5.000 ft	1550	24	0,70	38,6	44%		105	480	0,218
5.000 ft	1700	22	0,70	36	41%		98	450	0,217
6.000 ft	1900	28	0,73	60	70%	155	163	770	0,211
6.000 ft	1700	26,5	0,72	49	56%	136	133	620	0,214
6.000 ft	1700	25	0,72	43	50%	128	117	550	0,212
6.000 ft	1600	24	0,72	39	45%	124	106	490	0,216
6.000 ft	1700	22	0,70	36	42%	121	98	460	0,212
8.000 ft	1900	28	0,73	60	70%	161	163	770	0,211
8.000 ft	1800	26	0,72	50	58%	142	136	640	0,212
8.000 ft	1700	26,5	0,72	49	56%	140	133	620	0,214
8.000 ft	1700	25	0,72	43	50%	132	117	550	0,212
8.000 ft	1600	24	0,72	39	45%	128	106	490	0,216
10.000ft	1800	28	0,72	53	60%	150	144	660	0,218
10.000ft	1700	26,5	0,72	44	50%	137	119	550	0,217
10.000ft	1700	24	0,72	42	47%	135	114	520	0,219
10.000ft	1600	24	0,72	38	47%	133	103	520	0,198
10.000ft	1700	22	0,72	38	45%	133	103	490	0,210

(grau hinterlegt:) Kelly Johnsons Werte aus seinen Telegrammen vom März 1937

Die Werte sind sicherlich nicht vollkommen exakt, aber hinreichend genau, um sie als Datenbasis im modernen Flugplanungsprogramm *Jeppesen FliteMap IFR* einzusetzen, um eigene Berechnungen des Fluges durchführen zu können.

Im übrigen ist das Pratt & Whitney Triebwerk R1340 noch vielfach im North American AT-6 (Harvard/Texan) Flugzeug eingesetzt, so daß sogar die Möglichkeit besteht, die Werte einem Crosscheck zu unterziehen. Vergleicht man die Werte der Tabelle mit der Angabe in einem aktuellen

Testbericht (Pilot Today 11/2006), so erkennt man schnell, daß die Werte der Tabelle auf jeden Fall auf der niedrigen Seite liegen. So verbraucht der R1340 (neuere Motorversion mit 600 PS) in einer T-6 im Steigflug bei 32,5 MP[17] und 2.200 RPM 56 Gallonen pro Stunde! Überträgt man das auf die Electra so wären das 112 Gal/h im Steigflug.

Wir werden also obige Tabellenwerte im weiteren nutzen, um im Abschnitt auf Seite 142 zu einer neuen Bewertung des letzten Fluges von Earhart und Noonan zu kommen.

Abbildung 60: North American AT-6 mit R1340 Sternmotor

[17] MP = Manifold Pressure = Ladedruck, gibt über den gemessenen Unterdruck an, wieviel Gas man gibt

Bücherkollektion

Abbildung 61: Einige der Bücher zum Thema Earhart

Kapitel 6: Fiktion und Fazit

Earharts letzter Flug - eine Fiktion

Es ist der 2. Juli. Earhart hat schlecht geschlafen. Als Mrs. Stewart, die Besitzerin des kleinen Hotels, an ihre Tür klopft, ist es 5:30 Uhr morgens. Sie schält sich aus ihrem Moskitonetz und beginnt mit der üblichen Morgentoilette. Sie spürt eine große Anspannung. Der vor ihr liegende nächste Abschnitt nach Howland Island hat vollständig ihr Denken besetzt. Bei dem Versuch nach Howland Island zu fliegen, ist sie bereits einmal gescheitert, damals von Hawaii aus. Sie hat ein schlechtes Gefühl bei der Sache, auch weil gestern ihr Testflug mit dem Direction Finder negativ ausging. Wahrscheinlich war sie zu nahe dran, überlegt sie kurz und schiebt es dann auf die Funkstation in Lae. Beim Frühstück trifft sie Noonan und Collopy, den australischen Luftfahrtverwalter für Neuguinea. Noonan sieht zwar - wie fast immer - nicht sehr gesund aber an diesem Morgen zumindest nüchtern aus. Er weiß, wann es darauf ankommt, denkt sie. Sie schaut auf ihr üppiges Frühstück, Bananenbrot, Mangos, verschiedene Auflagen, frischer Saft. Mrs. Stewart kommt mit den gerade zubereiteten Ham and Eggs. Earhart hat nicht viel Hunger, isst nur wenig.

Noonan spricht über das Zeitsignal für seinen Chronometer, er hat gestern mehrere Anläufe gebraucht. Nur mit Mühe gestern spät um halb elf Uhr abends konnte er das Zeitsignal von Adelaide in Australien empfangen. Ohne präzises Zeitsignal, das genau mit der Greenwichzeit synchron läuft, kann Noonan nicht navigieren. Jede Sekunde Abweichung am Äquator bedeutet eine viertel Seemeile Abweichung im Längengrad. Sie sprechen über das Wetter, speziell über den gestrigen Wetterbericht der Flottenbasis in Hawaii. Hiernach gibt es im Osten eine Regenfront, die sie wahrscheinlich umfliegen müssen. Außerdem ist der Gegenwind mit 12-15 Knoten stärker als eigentlich geplant. Noonan schätzt nun bei dem stärkeren Gegenwind etwas mehr als 18 Stunden Flugzeit bis Howland Island. Earhart muss etwas schneller als bei Windstille fliegen, um nicht die Reichweite zu verschlechtern, das weiß sie. Sie schaut in die Tabellen mit den maximalen Reichweiten der Lockheed Electra.

„Wie werden weniger Reserven haben", sagt Earhart zu Noonan und ergänzt noch, „gut dass wir gestern wenigstens das Flugzeug erleichtert haben". In der Tat hatten sie gestern am Nachmittag alles entfernt, was nicht unbedingt vonnöten sein würde: Ersatzteile, Karten und Bücher, Werkzeug, Kleidung und persönliche Dinge, die sie auf der Reise gekauft hatten, allein zwei Koffer von Earhart. Alles wurde verpackt und würde später nach USA verschifft werden. Ein Rettungsboot hatten sie von Anfang an nicht an Bord. Nur zwei Schwimmwesten und eine magere Notration Wasser und Nahrungstabletten haben sie jetzt noch dabei.

Earhart schaut noch einmal auf ihre Tabellen mit der benötigten Länge für ihren Start. Gerne würde sie noch die restlichen 50 Gallonen auffüllen, aber mehr als die gestern bereits getankten 1.100 Gallonen wird sie auf der kurzen Bahn nicht in die Luft bringen.

„ Wenn die Bahn doch nur ein paar Fuß länger wäre", sagt sie zu Noonan. Er nickt nur und schweigt ansonsten. „Wenn ich die Maschine nicht richtig in die Luft kriege, wird der Flug direkt in der Bucht von Huon zu Ende sein", ergänzt sie noch. Beide wissen um das Risiko beim Start der überladenen Electra.

Nach dem Frühstück packen sie ihre wenigen Sachen und Collopy fährt beide zum Flugplatz. Zunächst besuchen sie Balfour in seiner kleinen Funkstation. Earhart fragt nach neuen Telegrammen und nach dem Wetterbericht. Es gibt keine neuen Telegramme und auch keinen neuen Wetterbericht von Howland Island. Um zehn Uhr würde er das Wetter aus Nauru bekommen, vielleicht auch aus Hawaii, sagt Balfour. Earhart schaut auf den Windsack. Der Wind kommt vom Tal her und mit dem Rückenwind kann sie nicht starten, schließlich hat sie nur wenig mehr als 900 Meter Wiese zur Verfügung und muss neben dem Gewicht der Electra zusätzlich drei Tonnen Flugbenzin in die Luft bringen und das alles bei tropischer Hitze.

„Der Wind wird drehen, wie jeden Tag", sagt Balfour.

Earhart verlässt die Funkstation und geht zum Hangar der Guinea Airways, dort wo ihr Flugzeug steht. Sie unterhält sich mit den Mechanikern, die ihr in allen Einzelheiten erklären, was sie alles überholt haben. Am Ende fassen sie es mit einfachen Worten zusammen: „Das Baby ist mechanisch in Bestzustand, Mrs. Earhart."

Sie ist zufrieden und überprüft selbst noch einmal jeden Zentimeter des Flugzeuges. Um 7:30 Uhr ist sie fertig mit ihrem Vorflugcheck und weist die Mechaniker an, die Electra aus dem Hangar zu ziehen.

Sie nimmt ein Geschenk für Balfour aus dem Cockpit und geht zurück zur Funkstation. Balfour ist vom Geschenk überrascht, es ist eine Pistole vom Kaliber 32 mit einer Packung Munition. Earhart wird sie nicht mehr brauchen, denkt er, sie fliegt jetzt zurück auf amerikanisches Territorium.

In der Zwischenzeit haben Balfour und Noonan erneut das Zeitsignal überprüft, indem sie die Radiostation Saigon in Französisch-Indochina verwendet haben. Wie am Vortag ist Noonans Chronometer exakt drei Sekunden hinter der korrekten Greenwichzeit.

Es ist noch zu früh, ein Start vor 9:30 Uhr wäre sinnlos, sie würden noch im Dunkeln in Howland Island ankommen und eine Nachtlandung wäre unmöglich. Earhart geht noch einmal in Gedanken ihren Stundenplan durch. Bei der vollen Stunde wird sie für die Itasca auf Empfang sein, um 10 Minuten nach der vollen Stunde wird sie auf Signale der Ontario warten, bei 15 Minuten wird sie ihre Nachrichten an die Itasca senden, bei 18 Minuten wird sie nach Lae senden und bei 20 Minuten Lae wieder abhören, bei 30 Minuten wird sie hören, was von der Itasca kommt, und bei 45 Minuten wird sie gegebenenfalls selbst neue Nachrichten senden. Sie wird alle Hände voll zu tun haben aber solange der Sperry Autopilot die Electra fliegt ist das eigentlich kein Problem, denkt sie im Stillen.

Wie Balfour vorhersagte, hat sich der Wind gedreht, sie können in Richtung der Bucht starten. Earhart und Noonan warten bis 9:00 Uhr, ob nicht doch ein Wetterbericht für Howland Island eintrifft, aber es kommt keiner. In der Zwischenzeit treffen die ersten Zuschauer mit ihren Fotokameras am Flugplatz ein. Sid Marshall, Chefpilot der Guinea Airways, hat sogar seine 16mm Filmkamera dabei. Es hat sich herumgesprochen, dass Earhart heute starten wird.

Es ist bereits jetzt bei der hohen tropischen Luftfeuchte unerträglich heiß. Um 9:30 Uhr ist es soweit, Earhart hat sich entschlossen zu starten. Sie verabschieden sich von Balfour und draußen auf dem Vorfeld noch ganz kurz von Chater, dem Leiter der Guinea Airways, von Collopy und Howland von der Vacuum Oil Company. Earhart hat diesmal keine Nerven für einen Small Talk.

Beide klettern über die Dachluke ins Cockpit, Fred nimmt auf dem Copilotensitz Platz, Earhart lässt sich von der Luke auf ihren Pilotensitz herab. Nach den üblichen Routinechecks im Cockpit, Fred verstaut in der Zwischenzeit seinen Chronometer und den Sextanten, betätigt Earhart den Primer für das Triebwerk Nummer zwei rechts, betätigt den Starter und schaltet danach die Zündung dazu. Der 22 Liter große Sternmotor zündet auf ein paar seiner neun Zylinder und mit weiteren, anfänglich etwas zögerlichen Zündexplosionen nehmen auch die restlichen Zylinder gemächlich ihre Arbeit auf, begleitet durch eine Ölwolke, um wenig später in einen sonoren Rundlauf zu verfallen. Das Gleiche erfolgt danach links mit Triebwerk Nummer eins. Earhart kontrolliert die Öldruckanzeigen und beobachtet wie die Öltemperaturen steigen. Alles ist im grünen Bereich.

Sie kontrolliert ob das Spornrad entriegelt ist und schiebt langsam die beiden Gashebel nach vorne, sodass sich die schwere Electra in Bewegung setzt. Danach rollt sie die Landbahn entlang an das nordwestliche Ende und nutzt jeden Zentimeter aus als sie die Electra wendet, um sie in Südostrichtung bei 150° für den Start auszurichten. Sie bremst die Triebwerke ab und stellt dabei fest, dass auch die zweiten Zündsysteme problemlos arbeiten. Ein letzter Check vor dem Start: Gemisch voll reich, Propeller kleinste Steigung, Kompass, Kurskreisel ist eingestellt, Tankschaltung auf den Flächentanks mit dem hochwertigeren 100 Oktan Benzin, usw. alles ist soweit ok und sie verriegelt das Spornrad für den Start. Fred signalisiert, er ist bereit für den Start.

Um 10:00 Uhr Lae Ortszeit (0:00 UTC) schiebt Earhart die beiden Gashebel kontrolliert nach vorne an den Anschlag und geht wenig später von den Fußspitzenbremsen. Die Electra nimmt bei dem hohen Gewicht langsamer als sonst auf dem trockenen Gras Fahrt auf. Earhart nimmt die Maschine durch Drücken am Steuerhorn gerade und tritt gleichzeitig ins

Seitenruder um die Motordrehmomente auszugleichen und die Electra auf Kurs zu halten. Sie weiß, dass sie das Flugzeug bis zum letzten Meter auf der Bahn halten muss, sie braucht jede Meile Fahrt. Vierzig Meilen zeigt ihr Fahrtmesser, fünfzig Meilen, sechzig Meilen, sie nähern sich schnell dem Ende der Bahn, siebzig, fünfundsiebzig Meilen und Earhart zieht am Steuerhorn um die Electra abzuheben. Die Electra fliegt wie ein nasser Sack und nahezu parallel zum Boden. Sie betätigt schnell den Fahrwerkshebel. Sie braucht mehr Fahrt um den Auftrieb der Tragflächen zu erhöhen. Die Electra sackt etwas durch und Earhart drückt leicht nach, um den Anstellwinkel zu verkleinern. Sie sind nun über dem Cliff in Bodennähe, gottseidank sind vor ihr keine Bäume sondern nur das Wasser der Bucht. Die beiden Pratt & Whitney Motoren dröhnen mit maximaler Lautstärke und arbeiten bei höchster Leistung von zusammen 1.100 PS bei 2.200 Umdrehungen. Der Fahrtmesser steigt auf achtzig Meilen und steigt weiter. Earhart kann wieder ganz leicht ziehen, um Höhe zu gewinnen. Am Ende hat sie es geschafft, die Electra steigt endlich mit über sechs Tonnen Gewicht in den Himmel. Sie schaut auf ihr Variometer. Bei 95 bis 100 Meilen hat sie nun etwa 300-400 ft/min Steigen und ist damit auf der sicheren Seite. Sie wischt sich mit der Rückseite ihrer Hand den Schweiß von der Stirn.

Sie bleibt erst mal auf dem Runwaykurs von 150° und steigt langsam über der weiten Bucht. Nach fünf Minuten reduziert sie die Leistung auf 30 inch bei 2.150 Umdrehungen und stellt zunächst einen Kurs von 100° auf ihrem Sperry Autopilot ein und überlässt ihm die weitere Kurshaltung. Mit dem Pitchknopf stellt sie den Anstellwinkel so ein, dass die Electra mit etwa 100 Meilen etwa 300 ft/min Steigen macht. Das Ziel ist zunächst nur auf

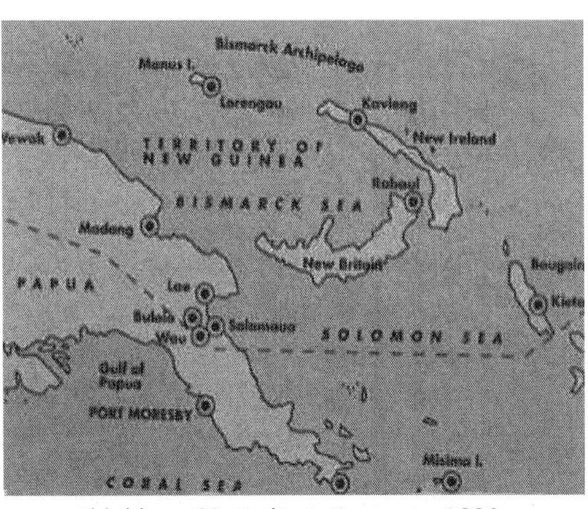

Abbildung 62: Radiostationen ca. 1930

4.000 ft zu klettern, so wie es ihr Kelly Johnson für den Hawaii-Flug empfohlen hat.

Die Electra fliegt nun langsam aus der Bucht von Lae heraus und später weiter über die solomonische See in Richtung der Solomonen-Inseln, die allerdings im Moment noch über 500 NM entfernt sind. Sie werden dabei im Norden für lange Zeit die Insel Neubritannien passieren, die unter australischer Treuhandverwaltung ist.

Der Steigflug auf 4.000 ft ist bald beendet und Earhart dreht den Pitchknopf am Sperry Autopiloten zurück, so dass in etwa die Höhe gehalten wird. Die Electra beschleunigt auf ca. 150 mi/h angezeigte Geschwindigkeit und sie geht mit der Leistung auf 28 inch Ladedruck bei 1.800 Propellerumdrehungen zurück. Bei diesem Gewicht muss sie mit einem höheren Anstellwinkel fliegen, was einiges an Geschwindigkeit wegnimmt. Langsam zieht sie die beiden Gemischhebel heraus und beobachtet dabei ihre Cambridge Instrumente, sie sinken ganz langsam. Bei einem Wert von 0,73 ist sie zufrieden. Den Kurswähler am Sperry setzt sie auf 74°, das ist ihr magnetischer Kurs nach Howland.

Es ist zum ersten Mal nach dem Start etwas Zeit, um durchzuatmen. Das Wetter sieht in der Tat nicht sehr gut aus. Eine ziemliche Menge versprengte Cumuluswolken liegen auf dem Weg vor ihnen, die tropentypisch teilweise bis fast zum Boden reichen. Die Luft ist turbulent. Gut, dass die Electra schwer ist, die hohe Flächenbelastung mildert die Turbulenz beträchtlich.

Als sie aus der Bucht von Huon heraus sind, bittet sie Noonan, mit dem Driftmeter den Wind abzuschätzen und er klettert daraufhin vom Copilotensitz über die gewaltigen Tanks mühsam nach hinten zu seinem Navigatorarbeitsplatz. Mit dem Driftmeter schaut er sich die Wellen über der See an. Sie sind nach seiner Einschätzung kurz davor Schaumkronen zu bilden, er schätzt den Wind direkt über der See auf vielleicht 12-15 Knoten. Anhand der Wellenrichtung kann er die Windrichtung ermitteln, es sind in etwa 110°.

Er schreibt einen Zettel, spießt ihn auf seinen Bambusstock (diese Methode nutzen sie schon seit Beginn der Reise, es ist einfach zu laut, um sich anders zu verständigen) und hält ihn über die Tanks nach vorne. Earhart nimmt den Zettel und liest: „Wind über der See wahrscheinlich

12-15 Knoten aus 110." Da der Wind mit der Höhe zunimmt, muss sie den Wind mindestens auf 20 Knoten schätzen, kein gutes Zeichen. Sie korrigiert den Windeinfluss am Sperry und dreht ihr einzuhaltendes Heading auf 78°. Sie würden also über Grund gerade einmal 110 Knoten machen und damit über 20 Stunden statt 18 bis zur Insel brauchen. Erst mal ist sie mit ihren Einstellungen zufrieden und lässt alles wie es ist. In der Ferne kann man zwischen den Kumuli ab und zu Neubritannien entdecken.

Sie nähern sich langsam der ersten Stunde im Flug und Earhart denkt an ihren Stundenplan. Es macht aus dieser Entfernung noch keinen Sinn, die Frequenzen der Ontario oder gar der Itasca abzuhören, die Entfernung ist zu groß aber sie will um 1:20 UTC hören, ob Balfour Neues vom Wetter hat. Sie schaltet dazu zum ersten Mal ihren Western Electric Transceiver an unter dem Panel auf der Copilotenseite an, bislang war alles ausgeschaltet, um die Batterie zu schonen, denn die Funkanlage braucht manchmal mehr Strom als die Generatoren liefern können. Die Röhren brauchen ein paar Minuten, bis die Kathodenheizungen richtig glühen, die Anodenspannung kommt von einem mechanisch angetriebenen Dynamomotor unter ihrem Sitz.

Nachdem sie den Kopfhörer aufgesetzt hat, stellt sie am Transmitter ihre 6.210 kHz Sendefrequenz ein. Es ist 1:18 und sie sendet zweimal hintereinander ihre Wetteranfrage „KHAQQ an LAE, bitte letzten Wetterbericht senden". Auf dem Empfänger stellt sie den Bereichswähler auf die richtige Stufe und stimmt mit dem Drehknopf auf der Skala die Frequenz von Lae 6.522 kHz ab und prüft, ob der CW Schalter auch auf ‚aus' steht, wie es für Sprechfunk sein muss. Sie dreht die Lautstärke hoch, sodass sie das Rauschen gut hören kann. Es ist nun 1:20 und sie ist bereit für den Empfang. Sie hört das Knacken und statische Rauschen der nahenden Wetterfront, kann aber ansonsten in den nächsten Minuten nichts empfangen, noch nicht einmal die Trägerwelle der Funkstation in Lae. Wahrscheinlich haben sie nichts, denkt sie und schaltet das Gerät wieder aus.

Noonan hat zu dieser Zeit nicht viel zu tun, solange sie zwischen bekannten Inseln sind, kann man trotz der Wolken hinreichend gut terrestrisch navigieren. Er wird am Nachmittag die Position mit dem Sextanten bestimmen, wenn sie die Bougainville Insel und die Solomonen hinter sich gelassen haben.

Earhart und Noonan sind nun drei Stunden im Flug, bislang ohne Funkkontakt, es knackt und kracht nur im Funk. Kein Zweifel: in weiterer Ferne sieht man es auch schon - wie bereits im Wetterbericht der Flottenbasis vorhergesagt - eine gewaltige Gewitterfront mit turmhohen Cumulus liegt direkt vor ihnen. Sie werden ein gutes Stück nach Süden ausweichen müssen, da ein Überfliegen der Front vollkommen unmöglich ist. Earhart dreht den Kurs am Sperry um 20 grad nach rechts auf 98° und setzt gleichzeitig Steigleistung mit 28,5 inch Ladedruck und 2.050 Umdrehungen. Die Electra hat bereits ca. 150 Gallonen verbraucht und ist damit um 400 kg leichter. Earhart steigt weiter auf 6.000 ft.

Ihre Sendung um 3:18 UTC scheint erneut erfolglos gewesen zu sein. Keine Antwort[18] von Balfour in Lae. Eine Stunde später um 4:18 UTC ist die Electra bereits an der Front vorbei und sie können durch Cumuluswolken auf der linken Seite die Insel Bougainville ausmachen. Earhart ist wetterbedingt auf 7.000 ft gestiegen. Um 4:18 UTC, zur Routinezeit für Lae, nimmt sie wieder das Mikrofon aus der Halterung und sendet „Höhe 7.000 ft, Geschwindigkeit 140 Knoten, alles in Ordnung.“ Wenig später überfliegen sie die kleine Insel Shortland, die zu den Solomonen gehört, sie ist durch ihre Form gut erkennbar, da sie eine Art Kanal auf der Südostseite hat, der die Hauptinsel von drei noch kleineren Teilen trennt. Earhart korrigiert ihren Kurs auf 40° magnetisch, sie muss zurück auf den geplanten Track. Die Insel Choiseul Island vor ihnen liegt allerdings unter einer geschlossenen Wolkendecke und Earhart beschließt weiter zu steigen, um über die Wolken zu kommen.

Die Sonne ist für Noonan nun gut auf der linken Seite der Electra durch seine beiden Fenster zu sehen. Um 5:00 UTC nutzt er zum ersten Mal seinen Blasensextanten und misst den Sonnenwinkel und danach mit dem Kompass den Azimut. Er berechnet ihre Position und gibt Earhart einen Zettel über den Tank 156,7 East 7,3 Süd. Unglücklicherweise kann man Noonans notierte Ziffer 6 auch als 0 lesen und Earhart sendet prompt an Balfour um 5:19 UTC „Höhe 10.000 ft, Position 150,7 Ost, 7,3

[18] Was Earhart nicht weiß: Balfour hat jede Stunde bis 5:20 UTC die Wetterberichte auf 6.210 kHz per Sprechfunk gesendet.

Süd, Kumuluswolken, alles ok.", also eine falsche Position. Noonan hat Earharts falsche Positionsmeldung nicht mitbekommen, denn hinter dem Tank kann er bei dem ohrenbetäubenden Lärm nicht verstehen, was Earhart im Funk mitteilt. Sie selbst empfängt um 5:20 von Balfour in Lae immer noch nichts. Es ist langsam an der Zeit denkt sie, auch auf die Signale der Ontario zu hören. Sie nimmt sich vor, in der nächsten Stunde die Frequenzen der Ontario und auch der Itasca abzuhören.

Die Sonne sinkt langsam tiefer und hat mittlerweile eine westliche Positon eingenommen. In ungefähr zwei Stunden wird sie untergehen, zumindest für die Electra, die mit der Erddrehung nach Osten fliegt. Noonan gibt ihr von Zeit zu Zeit kleine Kurskorrekturen an, er will genau die kleine Insel Nukumanu treffen, die sie kurz vor Sonnenuntergang erreichen werden, falls sie sie finden. Ihr Versuch, um 6:00 die Itasca und auch um 6:10 die Morse Ns der Ontario zu empfangen, schlagen beide fehl, sie ist sicher auch noch zu weit entfernt. Ob die Informationen alle korrekt bei den Schiffen angekommen sind, überlegt sie. Sie hat schließlich keine endgültige Bestätigung angefordert. Um 6:50 entdeckt Earhart zwischen den Kumuluswolken vor sich eine kleine Insel, das muss Nukumanu sein, eine andere gibt es hier nicht. Als sie näher kommen, wird es deutlich, die Insel hat die Form eines großen Stiefels, der im Meer liegt, es ist Nukumanu. Noonan ist zufrieden, seine Navigation hat gepasst. Als sie an der Insel vorbei sind, geht im Westen gerade die Sonne unter und Noonan misst den Sonnenuntergang mit dem Sextanten. Der Winkel ist natürlich null Grad und der Azimut ist 293°. Ihre Position ist

Abbildung 63: Electra über Nukumanu 7:18 UTC

damit 159,7 Ost 4,33 Süd. Er gibt Earhart den Zettel mit der Bambusrute. Zur Routinezeit um 7:18 UTC nimmt Earhart das Mikrofon „Position 159,7 Ost 4,33 Süd, Höhe 8.000 Fuß, über Kumuluswolken, Wind 23 Knoten."

Woher der Wind exakt kommt, lässt sich nicht genau sagen, Noonan hat ihn als Schätzwert berechnet. Auf jeden Fall haben sie in 7:18 Stunden erst 770 NM der geplanten Strecke bewältigt, das ist eine Durchschnittsgeschwindigkeit von nur 110 Knoten über Grund bezogen auf den geplanten Flugweg. Durch den Umweg sind sie allerdings bereits 850 NM geflogen und das resultiert in einer Durchschnittsgeschwindigkeit von ca. 117 Knoten also 23 Knoten weniger als ihre Airspeed von 140 Knoten. Nun, da sie wieder zurück auf dem Track sind, korrigiert Earhart auf Noonans Anweisung hin den Kurs an ihrem Sperry Autopiloten auf 74°, davon 70° für den magnetischen Kurs ohne Wind und 4° Vorhaltewinkel für den Wind aus 110°. Die restliche Entfernung nach Howland ist 1.450 NM. Wenn der Wind so bleibt, werden sie weitere 12,4 Stunden dafür brauchen.

Earhart und Noonan kalkulieren den Verbrauch für die restliche Strekke. Sie haben bereits ca. 380 Gallonen bis hierher verbraucht, bei einem kalkulierten Stundenverbrauch von 50 Gallonen für die restliche Strecke wären das weitere 620 Gallonen also in der Summe bereits 1.000 Gallonen, also etwa 100 Gallonen Reserve, das müsste reichen, jedenfalls, sofern der Wind nicht weiter zunimmt. Also ein Go für den Weiterflug. Bis zu einem Punkt in drei Stunden, hätten sie auch noch die Chance nach Lae umzukehren allerdings mit dem hohen Risiko einer Nachtlandung.

Um 7:30 UTC versucht Earhart, die Signale der Ontario aufzufangen, und tunt ihren Receiver auf 400 kHz. Sie vergisst dabei nicht, den Schalter auf Morsecode (CW) zu stellen, denn die Ontario sendet nur Morsecode, sonst nichts. Acht Minuten später gibt sie den Versuch auf, es war nichts zu hören. Langsam hat sie den Eindruck, dass ihr Receiver nicht richtig funktioniert. Sie wiederholt den Vorgang jede halbe Stunde, stets ohne Erfolg. Sie schreibt einen Zettel für Noonan „Check den Receiver, Sicherung ok? Leuchten die Röhren etc.? Irgendwas Auffälliges??". Die Western Electric Funkanlage ist auf der rechten Seite unter dem Copilotensitz angebracht. Nur die Bedienkonsole ist vorne rechts unter dem

Panel. Noonan kann nichts Besonderes entdecken, kennt sich aber auch mit dem Gerät nicht sonderlich aus.

Über die nächsten drei Stunden ändert sich nicht viel. Es ist dunkle Nacht und Noonan versucht mit dem Sextanten ein paar Sterne zu schießen, aber das Wetter ist problematisch, dicke Wolken versperren immer wieder die Sicht. Prinzipiell kann man heute auf dem Nordhimmel recht gut mit den beiden Sternen Vega und Arcturus navigieren, der Mond ist in der abmagernden Phase und wird etwa ab 13 Uhr am Horizont erscheinen.

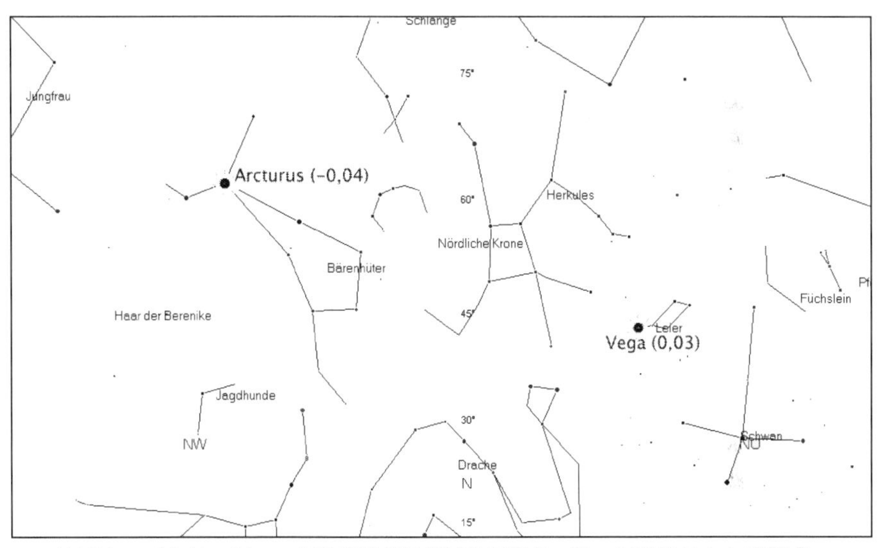

Abbildung 64: Nordhimmel 02.07.1937 10:30 UTC (Position 167,5° Ost, 1,6° Süd)

Um 10:30 UTC sieht Earhart zwischen den vielen Cumuluswolken ein Schiff auf dem Ozean. Sollte das die Ontario sein? Sie hat zwar keines der Morsesignale der Ontario bislang empfangen, aber wenn es die USS Ontario ist, wären sie genau auf Kurs. Noonan nimmt sein Fernrohr. „Nicht die Ontario, Schiff fährt nach Norden unter Dampf" steht auf dem Zettel, den er Earhart vor die Nase hält. Spontan nimmt sie das Mikrofon und

Abbildung 65: Nauru mit Flughafen, der erst 1943 unter japanischer Hoheit angelegt wurde

sagt „Ein Schiff vor uns in Sicht".[19] Vielleicht hört uns ja jemand, denkt sie sich.

Noonan misst ihre Position etwa 80 NM südlich von Nauru, einer kleinen Insel mit 12 Meilen Durchmesser, nahezu flach und rund, auf der Phosphat abgebaut wird. Sie sind etwas zu weit nach Norden abgetrieben worden. Er gibt Earhart einen Zettel mit der Kurskorrektur von acht Grad weiter rechts und sie stellt daraufhin 82° am Sperry Autopiloten ein.

Sie haben nun mehr als die Hälfte geschafft. Earhart denkt an die weiteren Abschnitte. Übernachten auf Howland, sie wird in einem der Zelte der Siedler schlafen können. Dann am 3.Juli nach Hawaii und am 4.Juli wird sie wieder zuhause sein. Der Gedanke daran muntert sie auf, obwohl sie sich nach über zehn Stunden bei diesem Motorenlärm nach einer Ruhepause sehnt.

Die nächsten Stunden verlaufen ereignislos. Sie schaut auf ihre Armbanduhr, die sie auf Greenwichzeit eingestellt hat. Es ist 11:00 Uhr. Sie haben bisher etwa 550 Gallonen verbraucht, also etwa die Hälfte in den Tanks ist weg und die Electra fühlt sich langsam wie ein normales Flugzeug an. Es liegen noch ca. 900 NM vor ihnen. Falls sie nur 110 NM über Grund machen sollten, wären das noch 8,18 Stunden oder 409 Gallonen bei 50 Gallonen pro Stunde respektive 140 Gallonen Resttreibstoff am Ziel. Das wird reichen, denkt sie und wendet sich dem nächsten Punkt zu. Gegen 14:30 Uhr werden sie wohl über den britischen Gilbert Islands sein. Hoffentlich wird man sie in der Nacht sehen können. Die Wolken werden immer dichter, kein gutes Zeichen. Bald wird Noonan nicht mehr navigieren können und sie haben keine Funksignale der Ontario empfan-

---

[19] Es wird später spekuliert, daß es sich um den Kohlendampfer USS Myrtlebank handelt, daß am nächsten Morgen Nauru erreicht.

gen können. Und es ist nicht auszuschließen, dass sie eine weitere Front passieren müssen.

Um 13:15 beginnt sie mit ihrer Routinesendung an die Itasca auf 3.105 kHz. Sie hat nicht viel zu berichten außer Höhe, Speed und einer geschlossenen Wolkendecke. Um 13:30 versucht sie Morsecode auf 7.500 kHz von der Itasca zu hören, vergeblich, kein Empfang, es rauscht nur im Kopfhörer.

Um 14:15 wiederholt sie ihre Sendung an die Itasca, es gibt eigentlich nichts Neues. Die Wolkendecke unter ihnen ist geschlossen und sie können die Gilbert Islands nicht ausmachen. Was noch schlimmer ist, auch nach oben sind so viele Wolken, dass keine ausreichende Sternensicht besteht. Kurzum, sie sind in den Wolken und Astronavigation ist für Noonan momentan nicht möglich. Die Gilbert Islands haben 1937 auch noch keinerlei Radiosender, sodass eine Peilung dorthin auch nicht möglich ist. Eine Stunde später, um 15:15 UTC, sendet sie wieder zur Standardzeit auf ihrer Standardfrequenz für den Nachtflug von 3.105 kHz „Earhart an Itasca, geschlossene Wolkendecke, werde zur vollen und halben Stunde auf Empfang sein.“ Um 15:30 UTC geht sie wieder mit der Frequenz 7.500 kHz auf Empfang, Schalter auf Morsecode. Damit sie gegebenenfalls den Sender anpeilen kann, nimmt sie den Bendix Empfänger des Peilgeräts hierfür. Kein Empfang. Sie sind wohl noch zu weit weg, es sind immerhin noch ca. 400 NM so schätzt sie.

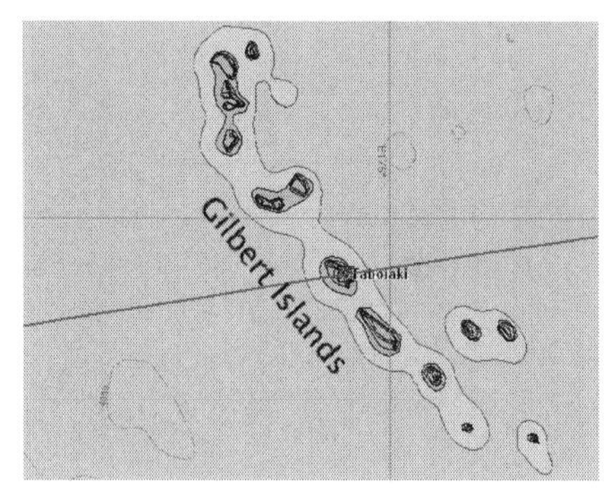

Abbildung 66: Gilbert Islands

Noonan ist nervös. Hätte er Sicht auf den Mond gehabt, dann wäre er über den Gilberts etwa 15° über dem Horizont unter einem Azimut von etwa 58° erschienen und er hätte eine Position gehabt. So hat er gar nichts und wie es aussieht, wird sich das auch so schnell nicht ändern. Was Noonan nicht weiß: Sie haben um 14:15 die Insel Tabiteuea überflogen und sind bereits über 50 NM südlich ihres Kurses. Obwohl es Nacht ist, gibt es heftige Turbulenzen und sie werden in der tropischen Luft ganz schön durchgeschüttelt. Hoffentlich klappt wenigstens die Funkpeilung überlegt er, wenn nicht, haben wir ein ernstes Problem. Er schiebt den Gedanken erst mal beiseite, sie haben ja noch eine Menge Zeit und in zweieinhalb Stunden wird die Sonne aufgehen.

Earhart versucht durch Steigen auf 10.000 ft aus den Wolken heraus zu kommen, aber es ist ohne Erfolg. Sie fliegt nun mit 26,5 inch Ladedruck und 1.700 Umdrehungen und magert das Gemisch weiter ab, sodass ihr Cambridge Instrument 0,72 anzeigt. Nach der Tabelle müssten sie jetzt nur noch 44 Gallonen pro Stunde verbrennen. Noonan ist über den riesigen Zusatztank nach vorne geklettert und will mit seinem Sextanten den Mond durch die vordere Cockpitscheibe anpeilen.

Er hat Glück, es gelingt ihm gegen 17:40 Uhr, als sich kurz eine Wolkenlücke auftut. Er misst die Mondhöhe mit etwa 68,9° und den Azimut mit etwa 49° Nordost. Er schaut in seinen Almanach und nach kurzer Rechnung auf dem Notizblock zeigt er Earhart seine Notiz „ca. 200 Meilen vor dem Ziel".

Um 17:44 Uhr, eine Minute zu früh, sendet Earhart wieder „Earhart an Itasca, gebt mit eine Peilung, ich pfeife jetzt ins Mikrofon, wir sind ca. 200 Meilen vor dem Ziel." Dann pfeift sie für längere Zeit eine Melodie ins Mikrofon und sie muss zugeben, ein Kunstwerk ist es nicht. Sie fliegen bereits in der Dämmerung und um 17:59 geht die Sonne auf. Earhart hat den Western Electric Empfänger sorgfältiger als sonst auf 3.105 kHz und Sprechfunk getunt. Sie will jetzt endlich etwas von der Itasca hören. Noonan schießt mit seinem Blasensextanten den Sonnenaufgang, den sie über und teilweise zwischen Wolkenfetzen sehen können. Sie soll ganz langsam nach links drehen bis er stop sagt. Sie dreht etwas nach links,

Abbildung 67: Sonnenaufgang 17:59 UTC

Noonan sagt „stop“ und liest den Kompasskurs von 76° ab. Die Electra fliegt nun genau auf die Sonne zu. Earhart geht wieder zurück auf ihren alten Kurs. Im Funk hört sie nichts außer Rauschen. Nach fünf Minuten zeigt ihr Noonan seine neue Berechnung. „Ungefähr 120 Meilen bis Ziel“ steht auf seinem Rechenblock.

Zehn Minuten später, um 18:15 Uhr, ist Earhart wieder im Äther zu hören „Earhart an Itasca, bitte peilt uns an und gebt uns den Kurs zur halben Stunde, ich werde Laute ins Mikrofon machen, wir sind ca. 100 Meilen entfernt.“ Um 18:30 Uhr ist sie wieder auf Empfang. Nichts. Sie kann es nicht glauben. Sie prüft erneut ihre Einstellungen. Kein Fehler. Verdammt, irgendetwas muss mit dem Empfang nicht stimmen.

Der Mann, der im Funkraum der Itasca die Fäden in der Hand hält, ist Cheffunker Leo G. Bellarts. Er ist dreißig Jahre alt. Wegen seiner Leidenschaft für Funk und Radio ist er vor einigen Jahren bei der Küstenwache gelandet. Für ihn arbeiten die drei Hilfsfunker William Galten, George Thompson (er ist nicht verwandt mit dem Commander und Kapitän des Schiffs) und Thomas O'Hare. Für den speziellen Earhartauftrag hat er zusätzlich das Kommando über Frank Cipriani, der im Normalfall auf dem Küstenschiff Taney seinen Dienst tut. Die Funker und auch Bellarts sind allesamt einfache Männer, die in Gedanken bereits jetzt froh sind, wenn dieser Sonderauftrag vorbei ist.

Erst sehr spät wird im Funkraum der Itasca bekannt, dass Earhart bereits mitten im Flug ist. Die Information stammt von United Press, kommt über San Francisco und übermittelt zunächst die falsche Startzeit von 12:00 Uhr in Lae. Erst um acht Uhr abends erfahren die Männer durch ein Telegramm aus Lae via Samoa, dass Earhart bereits um 10:00 Uhr Lae Zeit gestartet ist. Es ist also mit ihr vor Ort um 6:30 Uhr morgens nach Lokalzeit der Itasca zu rechnen.

Bellarts gibt Thompson die erste Wachschicht für die Electra und er hört 3.105 kHz ab, besonders intensiv natürlich um viertel nach und viertel vor der vollen Stunde. Während seiner Schicht hört er nichts, jedenfalls nichts Verständliches. Ein paar Minuten vor jeder vollen und halben Stunde sendet er den Wetterbericht in Morsecode und danach wie von Earhart gefordert den wiederholten Buchstaben A auf 7.500 kHz in Morsecode.

Als die Nacht über Howland hereinbricht, setzt Frank Cipriani seinen Navy RDF in Gang und beginnt ebenfalls die Frequenz 3.105 abzuhören. Er ist nicht ganz sicher über das Datum und verwendet den 2. Juli und Howland Island Zeit[20] für sein Logbuch.

Während Thompson die Earhartfrequenz abhört, erledigt Galten die Routinefunksendungen des Schiffes. Galten hört um :15 und :45 ebenfalls die Earhartfrequenz ab und notiert die Details in seinem Logbuch. Um 10:00 abends empfangen beide ein schwaches Morsesignal, dass sich als Sendung der Station in Nauru herausstellt: „Earhart von Nauru, was ist ihre Position?". Die Anfrage wird offenbar von Earhart nicht beantwortet.

Um 2:00 morgens löst O'Hare Galten bei den Routinesendungen ab und Bellarts übernimmt die Earhartfrequenzen. Um 2:45 hört Bellarts zum ersten Mal etwas von Earhart. Sie ist nicht zu verstehen und Bellarts schreibt in sein Logbuch ‚Earhart Flugzeug gehört, aber nicht zu verstehen im Rauschen'.

Um 3:15, also 15 Minuten nach der vollen Stunde hört Bellarts nichts.

Eine Stunde später, um 3:45 Itascazeit, ist sie wieder zu hören[21]. Für Bellarts erscheint es so, also hätte Earhart ihre Regeln geändert. Er hatte ihr zur halben Stunde den Wetterbericht auf 3.105 Morsecode und danach ‚A's auf 7.500 KHz gesendet. Die Abmachung, Sprechfunk auf 3.105 kHz zu nutzen, ist offensichtlich nicht bis zum Funkraum vorgedrungen. Bellarts hört Earhart schwach mit Signalstärke 2[22]: „Earhart an Itasca, geschlossene Wolkendecke, bin zur vollen und halben Stunde auf Empfang, bin zur vollen und halben Stunde auf Empfang."

Die nächste Sendung von Earhart ist kaum zu verstehen. Bellarts hört nur Knacken und Rauschen und glaubt um 4:53 dazwischen „teilweise

---

[20] Tatsächlich ist es der 1.Juli. Howland Island Zeit ist noch einmal um eine Stunde verschieden von Itasca Zeit, denn die Siedler verwenden aus Bequemlichkeit die gleiche Zeit wie Hawaii.

[21] Earharts Anforderung, Greenwichzeit zu verwenden, ist im Funkraum nicht bekannt, sodass die Funker ihre „Hauptsendung" immer um :15 Itascazeit erwarten, was für Earhart aber :45, also ihre Nebensendezeit ist

[22] Signalstärke 1= unverständlich bis 5 = sehr gute Verständigung

bewölkt" zu hören. Er notiert das im Logbuch. Bellarts und O'Hare hören nun beide Earharts Frequenz ab. Es vergeht eine ganze Stunde ohne irgendeinen Empfang.

Die Electra ist nun bereits 17 Stunden in der Luft und arbeitet sich jede Stunde um über 100 NM weiter vor. Die lange Nacht kommt langsam zu einem Ende, am Horizont kündigt sich bereits der Sonnenaufgang an. Die Männer im Funkraum rufen nach Kaffee und einem schnellen Frühstück.

Dann, eine viertel Stunde nach sechs Uhr ist Earhart wieder zu hören „Earhart an Itasca, gebt mir eine Peilung auf 3.105, zur vollen Stunde, ich werde ins Mikrofon pfeifen, sind ungefähr 200 Meilen entfernt."

Bellarts ist dabei seine Ruhe zu verlieren. „Was will sie, dass wir eine Peilung auf ihrem Sprechfunk vornehmen? Thompson hat ihr doch das Telegramm geschickt. Das ist gegen jegliche Abmachung. Und dann: zur vollen Stunde!! Die Frau.." und er findet noch ein paar weniger freundliche Worte für Earhart. Er zwingt sich dazu professionell zu bleiben und sagt zu O'Hare „Thomas, funk mal schnell Frank auf der Insel an, er soll den Navy RDF nutzen."

Cipriani sitzt neben dem Navy RDF auf der Insel und hat Earhart sowieso auf 3.105 kHz abgehört und empfängt ihr Signal in Stärke 3 mit einer langen Antenne, die er auf der Insel aufgebaut hat. Als er auf die kleine Loopantenne des RDF umschaltet, ist das Signal viel zu schwach. Dann hört sie auf zu pfeifen. ‚Keine Peilung' schreibt er ins Protokoll.

Bellarts ist unwohl. Er sitzt im Funkraum der Itasca und meint, es mit einer irrationalen Frau zu tun zu haben. Und schlimmer noch er fühlt, dass er nichts dagegen tun kann. Neben den Routinesendungen greift er um 6:36 zum Mikrofon und nutzt ausnahmsweise Sprechfunk. Keine Antwort, so als würde sie nichts empfangen.

Um 6:45 Itasca Lokalzeit ist sie wieder im Äther „Earhart an Itasca, bitte gebt mir eine Peilung und nennt mir den Kurs zur halben Stunde, ich mache Geräusche ins Mikro, sind ungefähr 100 Meilen entfernt."

Bellarts könnte platzen, immerhin hat sie diesmal bitte gesagt. 100 Meilen, vor einer halben Stunde waren es noch 200 Meilen, die Lady fliegt also mit sagenhaften 200 Meilen pro Stunde. Die Lady ist nicht mehr ganz richtig sortiert, denkt er bei sich. Außerdem, wenn sie eine Peilung haben will, warum erst eine halbe Stunde warten?

Auf der Insel hatte Cipriani wieder mitgehört, obwohl er den RDF jetzt sparsam nutzt, weil die Batterien fast entladen sind. Sein Signalempfang ist Stärke 4, also guter Empfang. Die Sendung ist aber letztlich zu kurz und hat zu viel Rauschen, um eine Peilung zu ermitteln. Auch Cipriani wird langsam mulmig.

Earhart blickt fragend Noonan neben ihr auf dem Copilotensitz an. Doch der zuckt mit den Achseln, er kann auch nicht erklären, warum sie noch keinen Empfang haben. Er denkt kurz nach. Mit der Information auf Grund des Sonnenaufgangs hat er zwar eine ziemlich gute Längengradbestimmung, der Fehler wird maximal plus minus 15 Meilen sein, aber mit der Azimutermittlung über den Magnetkompass und ohne weiteres Gestirn hat er keine verlässliche Breitengradbestimmung. Bei einem Grad Ablesefehler beim Azimutwinkel beträgt die Abweichung bereits 94 NM, d.h. sie können prinzipiell 100 NM oder sogar mehr links oder rechts vom Kurs sein. Die einzige, verbleibende Chance ist in einer Stunde noch einmal mit dem Blasensextanten die Sonne zu schießen, obwohl das auch nicht sehr genau sein wird, da die Sonne noch nicht hoch genug sein wird. Noonan schreibt auf seinen Notizblock „brauche in 1h neue Sextantenmessung, finden die Insel, keine Sorge.“ Earhart nickt und sieht gleich etwas beruhigter aus, aber zu einem Lächeln reicht es nicht. 19:00 schreibt sie auf seinen Block, sie will die Position für ihre 19:15 Sendung.

Auch das Wetter könnte besser sein. Etwas links vor Ihnen ist eine neue Gewitterfront, gottseidank nicht direkt auf Kurs. Allerdings erschwert die Front ganz sicher die Sextantenmessung. Noonan muss seine ganze Routine um 19:00 Uhr nutzen, aber die Sonne ist halbwegs sichtbar. Am schlimmsten sind die heftigen Turbulenzen, die seine Messung erschweren. Er misst einen Winkel von 16,0° und lässt Earhart wieder auf die Sonne zu fliegen, so gut es geht. Ein Azimut von 75° ist sein gemessener Wert. Zugegeben, ein solche Kompassablesung ist eine verdammt wackelige Sache und bringt eigentlich gar nichts, solange der Azimut sich noch nicht stark ändert. Er rechnet und schreibt auf seinen Block „ca. 30 NM bis Standlinie Howland, fast da !!“.

Earhart schaut auf die Tankuhren, insgesamt haben sie bereits mehr als 960 Gallonen verbraucht, mehr als geplant war. Sie zieht die Gemischhebel noch etwas zurück, bis die Zeiger der Cambridgeanzeigen auf 0,71 stehen. Man hört den Motoren an, dass sie diese Magerkost nicht wirklich mögen, aber sie werden damit leben müssen. Um 19:12 greift sie erneut zum Mikrofon „Earhart an Itasca, wir müssen in der Nähe sein, können euch aber nicht sehen, der Sprit wird langsam knapp, unmöglich euch per Funk zu erreichen, wir fliegen in 8.000 Fuß[23]".

Kurz nach Sonnenaufgang hatte das Beiboot der Itasca bereits die Teams für den Earharts Empfang auf der Insel an Land gebracht, die Mechaniker für die Flugzeugwartung, das Empfangskomitee und einige wenige Reporter und Fotografen.

Im Funkraum der Itasca wird es langsam heiß. Bis auf Bellarts haben die Männer ihre T-Shirts ausgezogen. Zur vereinbarten Zeit um 7:30 Uhr haben sie wieder versucht, Earhart auf 3.105 kHz per Morsecode und auch per Sprechfunk zu erreichen, wieder ohne Erfolg[24]. Neben Bellarts sind auch Thompson, O'Hare und Galten im Funkraum, alle Funker sind jetzt anwesend. Bellarts hat den Funk auf einen der Lautsprecher geschaltet, sodass alle mithören können. Thompson hat zusätzlich den schiffseigenen Direction Finder besetzt und hört 500 kHz ab, falls Earhart auf dieser Frequenz senden sollte.

Um 7:42 Uhr Itascazeit ist Earhart laut[25] und glasklar zu empfangen. „Earhart an Itasca, wir müssen in der Nähe sein, können euch aber nicht sehen, der Sprit wird langsam knapp, unmöglich euch per Funk zu erreichen, wir fliegen in eintausend Fuß", notiert Bellarts in sein Logbuch. Bellarts verlässt den Funkraum auf dem Oberdeck der Itasca und schaut in den Himmel. Sie muss jeden Moment dort irgendwo auftauchen denkt er, lässt seinen Blick wandern und horcht auf fernen Motorenlärm. Nichts.

---

[23] Bellarts versteht die Höhenangabe falsch und notiert „in eintausend Fuß" in seinem Protokoll

[24] Bellarts drückt sich Jahre später so aus:"Wir haben aus allen Rohren gesendet und es schien uns, als würde sie überhaupt nicht - noch nicht einmal versuchen uns abzuhören." (We had everything blasting on her. And it appeared to us, that she just didn't- wasn't even trying to hear us.)

[25] Bellarts im Interview Jahre später. „Sie war so laut, daß einem die Ohren klingelten, glaubt mir das." (she came in like a ton of bricks. I mean that.)

Cipriani hat die letzte Meldung überhaupt nicht mehr empfangen können, da die Batterien des Navy RDF am Ende sind. Er sucht nun verzweifelt eine Lademöglichkeit.

Wieder senden die Funker auf allen Frequenzen 3.105 kHz, 7.500 kHz und diesmal auch auf 500 kHz und bitten um sofortige Antwort, doch keine Reaktion. Für Bellarts und seine Männer wird die Situation langsam klar. Earharts Flugzeug ist draußen weder zu sehen noch zu hören und sie reagiert auf keines ihrer Funksignale. Sie erkennen nun, dass Earhart keinerlei Empfang hat, und bedenken die Konsequenzen. Kein Zweifel denkt Bellarts, damit sind sie verloren.

Earhart verliert langsam die Nerven. Sie sind nun seit über neunzehn Stunden in diesem Flug unterwegs und haben bislang keinen einzigen Funkspruch empfangen, weder aus Lae, noch von der Ontario und auch nicht von der Itasca. Es kann nur bedeuten, dass ihr Empfänger defekt ist. Wahrscheinlich ist eine Röhre beim Start defekt gegangen. Vielleicht ist auch der Dynamomotor unter ihrem Sitz defekt, der für die Anodenspannung der Röhren sorgt. Dann wäre auch der Transmitter und ihre sämtlichen Meldungen nutzlos gewesen. Doch sie kann natürlich nicht aufgeben. Bei nächsten Mal wird sie den Radio Direction Finder nutzen, überlegt sie. Dann wird sich herausstellen, ob man uns gehört hat.

Um 19:28 UTC, greift sie wieder zum Mikrofon und sendet: „Earhart an Itasca, wir kreisen[26], können euch nicht empfangen, geht auf 7.500 entweder sofort oder zur halben Stunde und sendet eine lange Sequenz mit Ziffern."

Sie legt über ihrem Kopf den Hebel auf die Loopantenne um. Danach schaltet sie auf ihrem Bendix RA-1B Receiver den richtigen Bereich ein, setzt den anderen Kopfhörer auf und tunt auf 7.500 kHz. Am Ende schaltet sie noch auf CW für Morsecode. Sie ist empfangsbereit.

Wenig später hört sie als dit-dah...dit-dah...dit-dah die ‚A's in Morsecode von der Itasca. Endlich, sie könnte jubeln, doch jetzt muss es schnell gehen, sie muss mit dem Morsesignal eine Peilung vornehmen. Sie regelt die Lautstärke, tunt etwas nach und muss sich etwas aus ihrem

---

[26] tatsächlich versteht (kennt) Galten das Wort nicht, das Earhart benutzt. Zunächst notiert er „wir driften", später wird im Protokoll „wir kreisen" notiert

Sitz erheben, um an den Drehring der Loopantenne heranzukommen. Durch Drehen des Ringes versucht sie, die Lautstärke in ihrem Kopfhörer auf ein Minimum zu bringen. Verflixt, es ist genauso wie bei ihrem Testflug in Lae. Egal, wohin sie den Ring dreht, die Lautstärke bleibt immer dieselbe. Als das Signal der Itasca aufhört, lässt sie sich in den Sitz zurückfallen. Keine Peilung.

Erneut greift sie um 19:30 Uhr zum Mikrofon „Earhart an Itasca, wir haben eure Signale empfangen, konnten aber keine Peilung ermitteln, bitte nehmt selbst eine Peilung vor und antwortet per Sprechfunk auf 3.105". Sie schaltet die Antenne wieder auf ihren Standardempfänger[27] um und ist sich sicher, diesmal etwas zu hören. Sie hat ja mit dem RDF etwas empfangen, dann muss es jetzt auch hier beim Sprechfunkempfang klappen, denkt sie. Um 19:37 gibt sie auf, wieder kein Empfang.

Abbildung 68: Wir sind in der Nähe, können euch aber nicht sehen

Earhart zieht die beiden Gashebel ein gutes Stück heraus und trimmt die Electra neu aus, indem sie das Trimmrad ein Stück nach hinten dreht. Danach schaltet sie wieder auf den Sperry Autopiloten. Die Zeiger des Höhenmessers stehen auf 3.000 Fuß und der Fahrtmesser zeigt nun nur noch 100 Knoten an. Verzweifelt blickt sie Noonan an. „Was sollen wir jetzt machen? Wir bekommen keinen Kontakt und keine Peilung!" versucht sie den nun etwas geringeren Motorenlärm zu übertönen. Noonan gibt ihr zu verstehen, dass sie die Insel ohne elektronische Peilung werden finden müssen. Dies sei schwierig, aber nicht

[27] Warum Earhart wieder auf den bereits seit 19 Stunden nicht funktionierenden Empfänger inkl. Antenne zurückschaltet, anstatt auf dem Empfänger zu bleiben, der eben gerade auf 7.500 kHz funktioniert hat, wird ewig ihr Geheimnis bleiben. Sie hatte ihre Rettung in Armeslänge vor sich.

unmöglich. Er will wissen, wie viel Reserven da sind. Sie schauen zusammen auf die Tankuhren und kommen auf ca. 120 Gallonen Restmenge, also etwas mehr zwei Stunden restliche Zeit um die Insel zu finden, falls die Anzeigen stimmen.

Earhart klettert über die Tanks und sucht ihren Weg nach hinten, dort wo ihre Behelfstoilette ist, ein Eimer hinten einem Vorhang. Das Ganze ist ihr auf den Magen geschlagen. Sie hat sowieso seit Java ihre Probleme damit. Später nimmt sie eine Aspirin und eine Kohletablette aus ihren wenigen Sachen, die sie noch dabei hat, und klettert wieder nach vorne.

Noonan hat in der Zwischenzeit nachgedacht. Sie sind nach seinen Messungen bereits auf der Standlinie durch Howland Island. Weiter ostwärts dürfen sie nicht fliegen. Wenn sie die Insel nicht sehen, muss sie entweder links oder rechts von ihnen liegen. Leider kann er die seitliche Ablage überhaupt nicht genau bestimmen. Er sagt zu Earhart, sie soll auf die Standlinie nach Norden auf den rechtweisenden Kurs 337° eindrehen und dort für zwanzig Minuten entlangfliegen. Falls sie die Insel bis dann nicht gefunden haben, muss sie südlich liegen. Noonan sitzt nun auf dem Copilotensitz und sucht das Gebiet nach rechts ab. Von Zeit zu Zeit nimmt er sein Fernrohr ans Auge, aber jedes Mal ist es eine Wolke statt der ersehnten Insel. Erschwerend kommt hinzu, dass er oft genau in die Sonne schauen muss.

Earhart hält auf der Westseite Ausschau und versucht die verdammte Insel zu finden. Nach zwanzig Minuten, es ist mittlerweile ziemlich genau zwanzig Stunden her, dass sie gestartet sind, fragt sie Noonan, ob er nicht erneut seinen Sextanten benutzen will. Noonan dreht seinen Kopf und schaut ihr genau in die Augen und sagt „es wird nicht mehr genauer werden als wie bisher". Zum ersten Mal erkennt sie, dass ihr Flug im Desaster enden kann. Ihre Pupillen ziehen sich zusammen und sie merkt, wie ihr Körper vermehrt Adrenalin ausschüttet. Soweit sie blicken kann unter ihr und bis zum Horizont Wasser, nichts als Wasser, und es wird sich nicht ändern, nicht wenn man eine Minute, eine Stunde oder zehn Stunden fliegt. Zum ersten Mal fühlt sie die wirkliche Dimension dieses Ozeans. Sie hat zum ersten Mal seit zwanzig Stunden wirklich Angst.

Es ist in dieser Stimmung, als sie um 20:13 Uhr zum Mikrofon greift „Earhart an Itasca, wir sind auf der Standlinie 157 / 337. Wir werden diese Meldung wiederholen, wir werden diese Meldung auf 6.210 Kilohertz wiederholen. Wartet..."

Ihr Tonfall ist schrill, ja nahezu hysterisch. Noonan sieht wie sie dabei ist, ihre Fassung zu verlieren. Er greift fest ihren Arm, so fest, dass es wehtut.

„Amelia, du bist gerade dabei auszurasten. Reiß dich zusammen, verdammt noch mal. Wir sind noch nicht in Not, noch sind wir nicht tot. Wir fliegen im Moment ohne Probleme in 3.000 Fuß und haben noch Sprit für zwei Stunden. Es bringt sowieso nichts zu funken, denn wie es aussieht, hört uns niemand. Wir finden Howland oder Baker Island oder irgendeine andere verdammte Insel, auf der wir notlanden können."

Die Antwort der Itasca um 8:05 Lokalzeit „Itasca an Earhart, Empfang ok, wir sind nicht in der Lage eine Peilung auf der 3.105 Sprechfunkfrequenz vorzunehmen, haben sie das verstanden? Bitte antwortet!" wird von der Electra nicht beantwortet. Wieder versuchen die Männer auf allen vereinbarten Frequenzen Kontakt aufzunehmen, aber es ändert sich nichts. Es ist mittlerweile 8:35 nach den letzten Routinesendungen der Itasca. Eine Stimmung der Resignation macht sich breit. Beim 7:42 Funkspruch haben zwei der Funker verstanden, sie habe nur noch für eine halbe Stunde Treibstoff. Falls dies wahr ist, würde die Electra in wenigen Minuten irgendwo im Pazifik notlanden müssen.

Auch auf der Insel wird allen langsam klar, dass Earhart überfällig ist. Die ersten Informationen kommen auch hier an. Man könne keinen Kontakt herstellen und Earhart habe nur noch wenig Treibstoff, heißt es. Die meisten schauen trotzdem gebannt nach Westen und erwarten jede Minute, die ersten, schwachen Motorengeräusche von dort zu hören. Die Sicht ist gut, nur im Norden der Insel haben sich sehr große und dunkle Cumuluswolken aufgebaut, die sich wahrscheinlich später zu einem Gewitter entwickeln werden.

Auch Kapitän Thompson und sein Kollege Kapitän Kenner, der wegen der Kolonisten mit dabei ist, halten sich direkt am Funkraum auf, um mitzuhören. Es ist zu dieser Zeit als plötzlich Earhart laut in Stärke fünf aus dem Lautsprecher dröhnt „Earhart an Itasca, wir sind auf der Standlinie 157 / 337. Wir werden diese Meldung wiederholen, wir werden diese Meldung auf 6.210 Kilohertz wiederholen. Wartet."

Bill Galten, der das Logbuch führt, ist gerade damit beschäftigt, San Francisco zu erreichen.

„Bill, hast du das gehört?" fragt Bellarts.

Galten nimmt seinen Kopfhörer ab, und fragt „was soll ich gehört haben?"

„Earhart. Sie war gerade wieder auf Sendung.", antwortet Bellarts.

„Wann?" fragt Galten.

„Gerade eben, ich dachte du hättest sie gehört", kommt es von Bellarts zurück.

„Ich habe gerade versucht, San Francisco zu bekommen.", erklärt Galten.

„Sie sagt, sie fliegen auf der Standlinie 157 / 337 nach Norden und Süden, wollen die Meldung auf 6.210 wiederholen." Galten schreibt in sein Logbuch, was Bellarts im diktiert.

Einer der Empfänger ist sowieso immer auf 6.210 kHz eingestellt und Bellarts und Galten warten gespannt auf die angekündigte Wiederholung. Doch es ist nichts zu hören.

Bellarts nimmt selbst das Mikrofon: „Wir haben euch klar auf 3.105 verstanden. Bleibt auf 3.105. Empfangen euch nicht auf 6.210. Bleibt auf 3.105 kHz. Antwortet jetzt mit Position auf 3.105 oder 500 kHz."

Keine Antwort, es herrscht Funkstille.

Die Angst in Earharts Stimme ist selbst nach vielen Jahren frisch in Bellarts Erinnerung und er drückt es später so aus: "Ich sage euch, es klang so als würde sie gleich anfangen zu schreien. Sie war gerade an der Schwelle dazu in Tränen auszubrechen und hysterisch zu werden. Das ist genau die Art und Weise, wie ich ihre Stimme beschreiben würde. Ich werde es nie, nie vergessen!"

Kapitän Kenner schreibt in einem Brief an seine Frau: „Ich habe selbst ihren letzten Funkspruch gehört. Sie erkannte zu spät, dass sie nun wirklich in großer Gefahr war, und brach dann förmlich zusammen. Ihre Stimme war ein klares Indiz dafür, dass sie sich aktuell in einer verzweifelten Lage befand."

Commander Thompson beschreibt in seinem offiziellen Bericht Earharts letzte Meldung als „überhastet, panisch und offensichtlich nicht vollständig[28]."

Earhart zwingt sich dazu langsamer zu atmen, um ihre Stimmungslage wieder in den Griff zu bekommen. Nach einer kurzen Weile hat sie Erfolg. Der Pulsschlag nähert sich wieder langsam dem Normalzustand und sie gewinnt die Kontrolle zurück. Ihr Blick geht nach rechts zu Noonan: „Danke für den Anschiss, das habe ich gebraucht, damit hast du mir wirklich geholfen."

Nach einer weiteren Minute ergänzt sie „Und? Was machen wir jetzt, Captain?"

Noonan hatte schon auf die Frage gewartet. „Wir drehen um und fliegen nach Süden. Die Insel muss im Süden liegen, wir haben hier im Norden ja nichts gefunden. Falls wir Howland und Baker verpassen, haben wir so außerdem noch die Chance irgendeine der Phoenix Inseln zu erreichen. Ich werde gleich noch mal mit dem Sextanten die Sonne messen. Damit bekommen wir vielleicht einen besseren Breitengrad, aber wenigstens eine genauere Länge, da die Sonne mittlerweile höher steht."

Earhart dreht den Kurswähler am Sperry Autopiloten auf 166°, den magnetischen Kurs zum rechtweisenden Kurs von 157°, und die Electra legt sich in eine sanfte Kurve nach links um den neuen, genau entgegengesetzten Kurs nach Süden aufzunehmen. Die Tanks zeigen eine Restmenge von ca. 100 Gallonen an. Die Electra ist nun sehr leicht, von den 3 Tonnen Flugbenzin muss sie nun nur noch ca. 250 kg tragen. Earhart setzt die beiden Gashebel auf 22 inch Ladedruck bei 1.700 Umdrehungen, Cambridge auf 0,71. Mit dieser Einstellung fliegt die Electra ohne Anstrengung mit 105-110 Knoten bei 38 Gallonen die Stunde. Sie werden bis etwa 23:00 UTC Zeit haben, also noch zweieinhalb Stunden, bis die Tanks leer sind.

Noonan ist wieder nach hinten geklettert und dabei klingen die riesigen Tanks bei jeder Berührung mit ihrer Resonanz schon nahezu leer. Er setzt den Sextanten ans Auge und peilt durch eines der linken hinteren Fenster die Sonne an. Nach einer Minute hat er eine Reihe von Messwer-

[28] „hurried, frantic and apparently not complete".

ten ermittelt, die er zusammen mit der Greenwichzeit auf seinen Notizblock schreibt. Das Rechnen fällt im schwerer als sonst, kein Zweifel, dass auch er die angespannte Situation fühlt. Er errechnet den Mittelwert und die notwendigen Winkelkorrekturen und sieht in seinem Almanach nach, um den Bildpunkt der Sonne zu dieser Zeit zu ermitteln. Nach seiner Berechnung sind sie bereits 15 NM zu weit im Osten. Noonan gibt Earhart eine Kurskorrektur. „Für 15 Minuten Kurs 196°", schreibt er auf einen Zettel, den er mit der Rute zu Earhart herüberreicht.

Es ist 23:00 Uhr UTC auf Earharts Armbanduhr. Zwei Stunden lang hat Noonan ihr immer wieder geringere Kurskorrekturen gegeben, aber eine Insel ist zu keiner Zeit in ihrem Blickfeld aufgetaucht. Vor einer halben Stunde hat auch Noonan aufgegeben. Er hat die beiden Schwimmwesten, zwei Wasserflaschen und den Notproviant mit nach vorne gebracht und nun sitzen sie beinahe lethargisch in ihren Schwimmwesten nebeneinander und haben sich bereits ihrem Schicksal ergeben. Alles geschieht wortlos, es gibt nichts, was noch zu bereden wäre. Sie werden in wenigen Minuten notwassern müssen, daran gibt es nichts zu zweifeln.

Die Zeiger aller Zusatztanks stehen auf ‚leer'. Die Electra fliegt nun mit der Restmenge Flugbenzin in den Flächentanks, bestes 100 Oktan Benzin, welches vom Steigflug noch übrig ist, als man auf die Haupttanks im Rumpf umgeschaltet hat.

Noonan sucht mit dem Fernrohr den Horizont ab. Ist das dort vorne rechts eine Insel, ein Atoll oder ein Riff? Unmöglich zu sagen, sie sind noch zu weit weg. Falls ja, sind sie möglicherweise jetzt in der Nähe der Phoenix Inseln.

Wenig später fängt das Triebwerk Nummer zwei rechts an zu spucken, es hat Fehlzündungen. Earhart und Noonan spüren beide wie das Adrenalin ihren Pulsschlag erhöht. Es ist etwas anderes darauf zu warten, als wenn es dann tatsächlich passiert. Es dauert keine dreißig Sekunden, bis die Magerkost des Motors nichts außer Fehlzündungen produziert, und auch Motor Nummer eins auf der linken Seite stimmt in das Lied des Spuckens und Spotzens und der Fehlzündungsexplosionen ein. Ein kurzer Blick auf den Höhenmesser, ihre Höhe ist 3.000 Fuß. Sie werden also noch fünf bis sechs Minuten bis zum Wasser haben, da die Electra leicht und langsam wie ein Segelflugzeug nach unten gleiten wird.

Es ist 23:08 UTC oder 11:38 Lokalzeit als beide Propeller fast gleichzeitig stehen bleiben. In der Electra kehrt eine unheimliche Stille ein, nur ihr Fahrtwind ist über dem Stillen Ozean noch zu hören.

Abbildung 69: Es ist 23:08 als beide Propeller fast gleichzeitig stehen bleiben

Ein Vergleich der drei Hypothesen

Im Folgenden sind einige Überlegungen und Recherchen zu Earharts letztem Flug, basierend auf Excel Kalkulationen und Flugplanungen mit *Jeppesen Flitemap IFR* dargestellt, wobei die Performance-Daten der Electra 10 E anhand der Telegramme von Kelly Johnson - so gut es geht - verwendet wurden. Ziel hierbei ist es lediglich, zu einer genaueren Bewertung der Thematik zu kommen ohne irgendeinen Anspruch auf wissenschaftliche Präzision.

Die ‚Mussten-notwassern-und-sanken'-Hypothese (Long). Fakt ist, dass Earhart Nukumanu Island um 7:18 UTC meldet und einen Gegenwind von 23 kts dazu. Die Kalkulation ergibt 107 kts über Grund (782 NM) für die Strecke bis Nukumanu. Die nächste bekannte Position ist ca. 80 NM südlich von Nauru (1.231 NM) um 10:30 UTC. Offensichtlich brauchte sie für diesen Abschnitt von 450 NM 3:12 Stunden mit einer Durchschnittsgeschwindigkeit von 141 kts. Ohne Wind wäre dies nur bei maximaler Reiseleistung möglich mit 162 mi/h. Da es kein Windstatement für diesen Abschnitt von Earhart gibt, ist der Grund für die hohe Durchschnittsgeschwindigkeit letztendlich unklar (maximale Reiseleistung, langgestreckter Sinkflug, Rückenwind, falsche Position bei der Sichtung der USS Myrtlebank?). Wer kann es heute noch wissen, aber wahrscheinlich ist eher ein langgestreckter Sinkflug auf eine geringere Flughöhe.

Die nächste gemeldete Position ist das "200 miles out" Statement um 17:44 UTC. Nehmen wir an, Noonan und Earhart wären hiermit korrekt und 2.021 NM des Fluges bereits absolviert. Die Rechnung ergibt 790 NM für den Abschnitt in 7:14 h, dies resultiert in 109 kts Durchschnitt. Auch hier ist wieder ein Gegenwind von 23 kts im Mittel wahrscheinlich. Um 19:12 lautet Earharts Meldung ‘wir sind bei euch in der Nähe’.

Nimmt man den 2.221 NM Wert (Lae - Howland Island Distanz) für diese Position, dann wäre das ein 136 kts Durchschnitt für die letzten 200 Meilen, höher als im Gesamtdurchschnitt wegen des Sinkfluges von 8.000 ft auf 1.000 ft (wenn man glauben will, dass sie gesunken ist).

Hier ist die vollständige Tabelle:

	Zeit UTC [h]	Entfernung [NM]	Durchschnitt über Grund [kts]	Durchschnitt ü.G. im Abschnitt [kts]	Durchschnitt airspeed Abschnitt [kts]	Durchschnitt Verbrauch Abschnitt [gal /h]	Gesamt-Verbrauch Im Abschnitt [gal]	Kumulierter Verbrauch [gal]	Durchschnitt Verbrauch [gal/h]
Lae	0,00	0	0	0	0	0	0	0	0
Ende Steigflug	1,00	99	99	99	99	93	93	93	93
Nach 3 Stunden	4,00	428	107	110	133	58	174	267	67
Nukumanu	7,30	782	107	107	130	53	175	442	61
Nauru	10,50	1231	117	140	163	53	170	612	58
200 miles out	17,73	2021	114	109	132	49	354	966	54
On you	19,20	2221	116	136	159	43	63	1029	54
LOP	20,22	2300	114	78	85	38	39	1068	53

Die Verbrauchswerte in der Tabelle sind aus den Werten der Telegramme von Kelly Johnson an Earhart ermittelt. Natürlich sind hierbei Annahmen über Earharts Power Setting gemacht. Für den Steigflug lässt sich nur mit Climb Power kalkulieren, respektive 93 L/h bei 230g/PSh.

Was nach der Nauru Position folgt, ist immer zu einem bestimmten Grad Spekulation, aber auch hierbei gibt es stützende Argumente.

1. **Gegenwind.** Obwohl es keinerlei Wetterinformation für die Earhart Route bis auf ihre einige 23 kts Gegenwind Meldung gibt, kann man jedem Schulatlas entnehmen, dass ein äquatorialer Gegenwind von 6-24 kts mit einer Konsistenz von 25-50% direkt am Äquator weht. Kein Beweis aber hoch wahrscheinlich, dass der Äquatorwind da war während der gesamten Flugzeit.

2. **Einstellung der Reiseleistung.** Offensichtlich nutzte sie ein höheres Power Setting von 60 % wegen des starken Gegenwindes von 23 kts. Erstens weil sie als langstreckenerfahrene Pilotin die Basics kannte (Die Regel lautet: Bei Gegenwind schneller fliegen um die Reichweite zu erhöhen.) und zum Zweiten die Flugzeit- diese ist 19:12 h. Es gibt keine andere Erklärung für die Tatsache, dass sie nach 19:12 h in der Nähe von Howland Island ist. Mit 55 % Power hätte es 21:30 h nach Howland bei 23 kts Gegenwind gedauert. Eine interessante Rechnung ist übrigens, ob sie nicht besser die maximale Endurance (max. Flugzeit) statt der maximalen Reichweite hätte nutzen sollen. Die Antwort ist ja, bei 50 % Power Setting wäre theoretisch die Flugzeit nach Howland 24 h gewesen mit 1,5 h Reserve nach Erreichen der Insel. Aber diese Entscheidung war im Cockpit sicher nicht mehr zu treffen.

Wie man leicht an der konservativen Excel Kalkulation erkennen kann, waren noch 32 Gallonen übrig (1.068 verbraucht) bei der Line of Position (LOP) Message. Wenn man wie Long 100 Gallonen/h für den Steigflug rechnet, wären es noch 7 Gallonen weniger. Mit hoher Wahrscheinlichkeit hatte Earhart kurze Zeit nach der LOP Meldung keinen Treibstoff mehr.

Es gibt drei weitere Hinweise für die Korrektheit dieser Hypothese.

1. Earharts eigene Meldung um 19:12 UTC 'we are low on gas'. Sie wusste, sie hatte maximal noch eine Stunde.
2. Ihre Stimme klingt bei ihrer letzten Meldung um 20:13 UTC gestresst mit hoher Tonlage (dies wird von Kapitän Thompson, Cheffunker Bellarts und anderen auf der Itasca berichtet).
3. Sie fährt nicht mit Meldungen fort, was hoch unwahrscheinlich ist, falls der Flug fortgesetzt worden wäre.
4. Die tatsächlich zurückgelegte Entfernung ist wegen des Umfliegens einiger Regenfronten und Kursabweichungen noch größer. Sie liegt wahrscheinlich bei 2.300 NM.

Nun kommt die kritische Frage für die ‚auf-Gardner-Island-gelandet' Hypothese. Ist es möglich Gardner Island mit 32 Gallonen zu erreichen? Die Antwort ist nein oder zumindest wenn man nicht andere Annahmen macht, wie z.B. dass sie tatsächlich wesentlich weiter südlich und tatsächlich in der Nähe von Gardner Island waren.

Selbst falls man eine südliche Position gegenüber Howland Island annimmt, wären es im besten Fall immer noch 220 NM bis Gardner Island. Das Bild unten zeigt drei verschiedene Tracks, die alle von der USS Myrtlebank Position ausgehen. Selbst die südlichste Route, die 16 Grad rechts vom geplanten Flugweg wäre, ist immer noch zu weit nördlich, um mit 32 Gallonen Gardner Island zu erreichen.

Eine weitere Frage ist, ob sie überhaupt eine Kurskorrektur bei der 10:30 h Position vornahmen, da keine Funkverbindung zur Myrtlebank zustande kam und daher auch keine Positionsmeldung ausgetauscht werden konnte. Im Falle, dass sie den Kurs von ca. 63 Grad die ganze Zeit weiterflogen, würde dies auf eine Position 150 NM nördlich von Howland Island zielen.

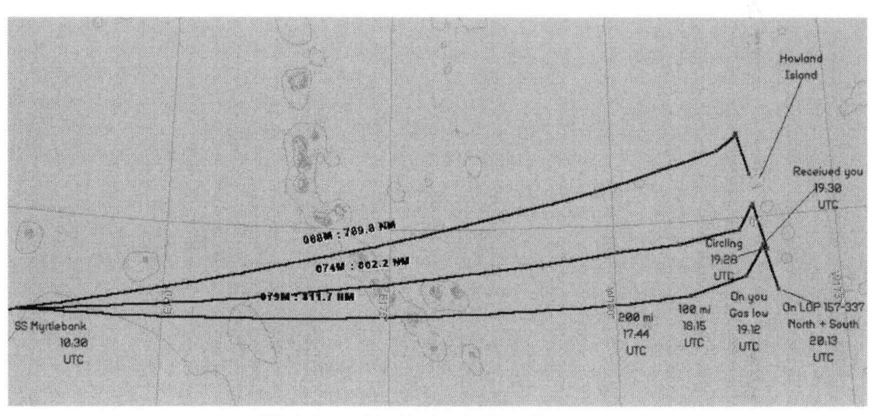

Abbildung 70: Drei mögliche Tracks

Die ‚Auf-Gardner-Island-gelandet'-Hypothese (TIGHAR). Die TIGHAR Hypothese beginnt mit der Behauptung, es sei nach der 20:13 Meldung noch genügend Benzin vorhanden, um Gardner Island zu erreichen. Wir wollen diese Behauptung genauer untersuchen.

Nehmen wir für den Anfang an, dass der Gegenwind sich langsam legte, und zwar an oder kurz nach der Nukumanu Position. Nehmen wir ferner an, dass Earhart nach Nauru die Power bis auf 109 kts Reisegeschwindigkeit herausnahm, respektive nur noch 38 Gal/h verbraucht hätte. Die Situation würde sich in der Tat wie folgt verändern:

	Zeit UTC [h]	Entfernung [NM]	Durchschnitt über Grund [kts]	Durchschnitt Im Abschnitt [kts]	Durchschnitt airspeed Abschnitt [kts]	Durchschnitt Verbrauch Abschnitt [gal /h]	Gesamt-Verbrauch Im Abschnitt [gal]	Kumulierter Verbrauch [gal]	Durchschnitt Verbrauch [gal/h]
Lae	0,00	0	0	0	0	0	0	0	0
Ende Steigflug	1,00	99	99	99	99	93	93	93	93
Nach 3 Stunden	4,00	428	107	110	133	58	174	267	67
Nukumanu	7,30	782	107	107	130	53	175	442	61
Nauru	10,50	1231	117	140	140	49	157	599	57
200 miles out	17,73	2021	114	109	109	38	275	874	49
On you	19,20	2221	116	136	136	38	56	929	48
LOP	20,22	2300	114	78	85	38	39	968	48

Earhart hätte 132 Gallonen übrig an der LOP zum Zeitpunkt der Meldung. Bei einem Verbrauch von 38 gal/h hätte sie eine verbleibende Flugzeit von dreieinhalb Stunden gehabt.

Sie hätte also die Entfernung nach Gardner Island schaffen können, egal, wo sie sich nahe Howland Island befand. Die Entfernung Howland Island nach Gardner Island beträgt ca. 350 NM, bei 110 kts hätte die restliche Reichweite 385 NM bei Windstille betragen.

Ja, vielleicht war es möglich Gardner Island zu erreichen, aber war es auch wahrscheinlich?

Um diese Hypothese zu unterstützen, muss man eine Menge von Tatsachen übersehen oder zumindest sehr speziell interpretieren:

1. Man muss Earharts Nachricht um 19:12 'we are low on gas' sehr positiv interpretieren (noch 4 Stunden).
2. Man muss die Panik in Earharts letzter Nachricht um 20:13 ignorieren.
3. Man muss ignorieren, dass keine weiteren Nachrichten von Earhart nach der 20:13 LOP Nachricht aufgezeichnet wurden. (Gemeint sind verlässlich aufgezeichnete Meldungen)
4. Man muss annehmen, dass der äquatoriale Ostwind einschlief, nachdem Earhart die Nukumanu Position passierte.

5. Man muss annehmen, dass Earhart die Leistung auf untypische 40–45 % zurücknahm (andernfalls wäre sie in ruhiger Luft viel früher angekommen, bei 55 % Power und Windstille hätte die Electra 136 kts über Grund und keine 109 kts gemacht)

TIGHAR und seine Mitglieder haben sicher unglaublich gute Arbeit geleistet, die vollen Respekt und Bewunderung verdient. Allein die Durchsicht der Information der acht Expeditionen nach Nikumaroro (Gardner Island) im Internet unter http://www.tighar.org dokumentiert einen Aufwand und eine Akribie, die wahrscheinlich nur durch eine freiwillige Organisation leistbar und nahezu fanatisch ist. Trotzdem ist die Anzahl der gemachten Voraussetzungen zur Stützung dieser Hypothese sehr hoch.

Leider konnte die vielversprechende Kiste mit den Knochen und der Sextantenbox nach all den Jahren nicht mehr aufgefunden werden. Wie es aussieht, sind damit die einzigen verbleibenden Fakten drei Aluminiumteile, die potenziell von der Electra stammen könnten, ein Teil von außen und zwei weitere sogenannte Dados vom Innenraum eines Flugzeuges. Allerdings gibt es bis heute keinen Beweis, dass die Teile von Earharts Electra oder überhaupt von einer Lockheed Electra sind.

Es ist außerdem sehr unwahrscheinlich, dass Earhart und Noonan und eine notgelandete Electra dem Vaught O3U-3 Piloten entging, der bei der Lambertsuche die Insel zweimal umrundete. Auch auf der hierbei gemachten Aufnahme (siehe Abbildung 38) konnten keinerlei Hinweise auf die Verschollenen gefunden werden.

Fred Goerners ‚Auf-dem-Mili-Atoll-gelandet'-Hypothese. Wenn man Goerners Buch zum ersten Mal liest, wird man sicher beeindruckt sein von seinem typisch journalistischen I-smell-rats-approach. Das Buch ist spannend bis zur letzten Seite und man bekommt es aus USA z.B. bei Amazon antiquarisch für gerade einmal einem halben US-Dollar.

Interessant ist auch die Entdeckung des amerikanischen Spionagecamps in Saipan ganz nebenbei. Am Ende allerdings hat Goerner trotzdem nichts in der Hand außer Spekulationen, nicht einen einzigen harten Fakt. Seine Hypothese ist allerdings auch hochgradig unwahrscheinlich, wenn man die Reichweite der Electra bedenkt.

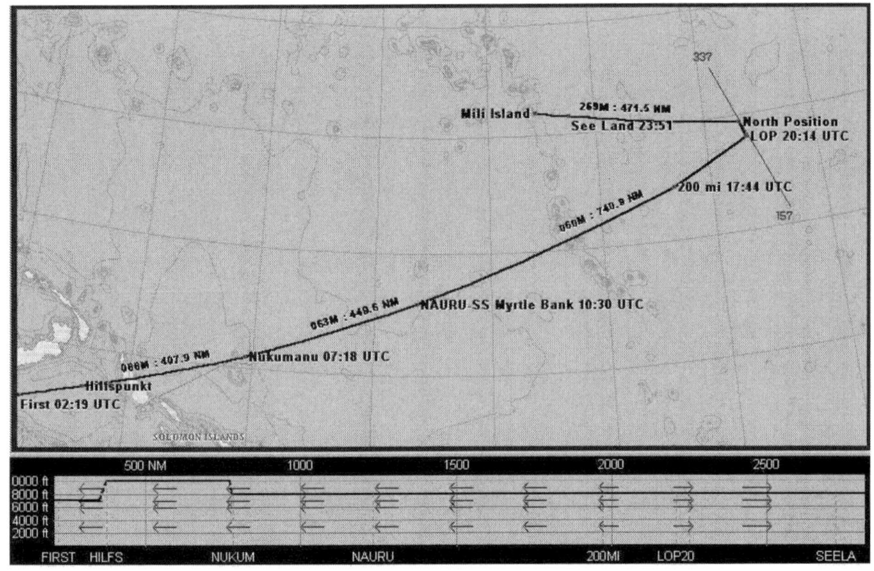

Abbildung 71: Die Mili-Atoll-Variante

Goerners Hypothese verlässt sich wie die von TIGHAR darauf, dass der Gegenwind einschlief, sodass bei der 20:13 Meldung noch mindestens 3,5 h Flugzeit übrig sind.

Die Hypothese unterstellt ferner, dass Noonan und Earhart weit nördlich von Howland sind, mindestens 100 NM, was nicht unwahrscheinlich ist, wenn man den wahrscheinlichen Flugweg von Lae nach Nauru extrapoliert. Die Annahme ist dann, dass Earhart versuchte, zurück zu den Gilbert Islands zu fliegen, aber tatsächlich das Mili Atoll in den Marshall Islands mit dem letzten Tropfen Sprit erreicht. Natürlich würde etwas mehr Rückenwind auf der Strecke zum Mili Atoll helfen.

Ja, vielleicht ist es möglich, aber in einer Weise wie es auch möglich ist, sechs Richtige im Lotto zu haben. Die Konspirationstheorie, dass Earhart und Noonan bewusst zu den Marshall Islands flogen, um dem US-Militär zu helfen, die Japaner auszuspionieren, ist einfach zu weit hergeholt.

Es gibt sicher eine minimale Chance, dass Earhart und Noonan komplett "lost" waren an der LOP und ohne Absicht beim Flug zurück zu den Gilberts das Mili Atoll erreichten.

Diese Variante hat natürlich auch andere Schattierungen, nämlich, dass sie notwassern mussten und von den Japanern aufgefischt wurden.

Das alles ist aber so unwahrscheinlich, dass es schon beinahe weh tut, es überhaupt hinzuschreiben.

Andere Hypothesen. Weitere Hypothesen wurden schon während der offiziellen Earhartsuche 1937 intensiv überprüft: Gilbert Islands, Phoenix Islands, einige Riffe wie z.B. das Winslow Reef und einige wenige Sandbänken und andere Positionen meist ohne Namen. Man kann davon ausgehen, dass hier eigentlich keine neuen Optionen zu finden sind.

Allerdings ist es seltsam, dass TIGHAR nicht auch die Option ‚mussten in der Nähe von Gardner Island notwassern und konnten sich auf die Insel retten' in Erwägung ziehen, denn die Annahme, dass die Electra nach einer geglückten Notlandung über das Cliff gespült wird, ist wenig glaubwürdig und erklärt auch nicht das Auftauchen einzelner Aluminiumstücke, die ja eigentlich nur zu erklären sind, wenn die Electra bei der Landung in einzelne Teile zerbrochen ist.

Ein Fazit aus heutiger Sicht

Alexis von Croy nennt es in seinem Buch [15] das Jahrhundert-Mysterium. Es ist ohne Zweifel eine unglaubliche Tragödie und ganz sicher ein Mysterium, das viele in seinen Bann gezogen hat und für die suchenden Parteien vielleicht auch zur Obsession geworden ist. Nicht umsonst gibt es mehrere Bücher, Dokumentarfilme und drei Hollywoodfilme zum Thema. Beeindruckend ist der - man muss schon sagen - Fanatismus mit dem Fred Goerner, TIGHAR und die Long Family sich der Suche widmen oder gewidmet haben. Intensivste Freizeitarbeit, eigenes Kapital, kein Aufwand ist oder war anscheinend zu groß, um das Rätsel zu lösen. Wirklich bewundernswert.

Betrachtet man die Fakten aus heutiger Sicht, so kann man den Hypothesen nach mehrheitlicher Meinung grob folgende Wahrscheinlichkeiten zuordnen:

- Die ‚Mußten-notwassern-und-sanken-in-der-Nähe-von-Howland-Island'-Hypothese (sehr wahrscheinlich)
- Die ‚Auf-Gardner-Island-gelandet-und-starben-dort'-Hypothese (weniger wahrscheinlich, aber nicht unmöglich)
- Die ‚Auf-dem-Mili-Atoll-gelandet-und-starben-in-Saipan'-Hypothese (unwahrscheinlich, aber auch nicht gänzlich unmöglich)
- Konspirationshypothese (unwahrscheinlich)
- andere Hypothesen (unwahrscheinlich)

Was kann man lernen aus mehreren Büchern, der TIGHAR und weiteren Internet Websites, außer dass es Kurzweil für dunkle Wintertage ist? Man erforscht eine wahrlich unglaubliche Geschichte, wobei sich die bekannten Tatsachen langsam von Buch zu Buch zu einem Gesamtbild verdichten, obwohl in diesem Fall verlässliche Klarheit nicht zu erreichen ist. Die Bücher von Elgen Long und Ric Gillespie geben die beste Hintergrundinformation zu Earharts Weltumrundung. Noonans Art zu navigieren, wird von Long eindrücklich beschrieben und wird hier zum ersten Mal klar. Ric Gillespie hat sicher die umfassendste Darstellung.

Am Ende machen einen die Umstände von Earharts letztem Flug gleichzeitig krank und ärgerlich. Es ist ein Lehrbuchbeispiel von Murphys Gesetz, nachlässiger Pilotenkunst, schlechter Kommunikation und unzureichender Abstimmung. Obwohl es immer einfach ist, aus der sicheren Entfernung des eigenen Sofas zu kritisieren, vielleicht ist das Folgende trotzdem interessant für das Gesamtbild und eine eigene Bewertung.

- Earhart -> fehlendes Wissen. Earhart kannte ihr Radio Equipment nicht hinreichend gut, um es milde auszudrücken. Sie kannte insbesondere nicht die Grenzwerte ihres Direction Finders (kein DF möglich bei höheren Frequenzen).
- Earhart -> fehlende Skills. Earhart hatte nicht gelernt, mit dem Funkpeilgerät (RDF) umzugehen. Auch zu Zeiten, wo dies ohne Aufwand und Risiko möglich war, navigierte sie stets ohne. Es gab genügend Möglichkeiten während ihres Fluges, aber sie nutzte keine davon. Sie lernte nicht zu morsen (was sich sicher verstehen lässt) und ließ beides, 500 kHz Antenne und Morsetaste entfernen.
- Earhart ->Fehleinschätzung und zu hohe Risikobereitschaft. Earhart testete in Lae ihren RDF negativ und startet trotzdem den Flug nach Howland Island. (Dies ist eigentlich ihr größter und ein unverzeihlicher, weil vermeidbarer Fehler)
- Earhart -> schlechte Flugplanung. Earhart hatte auf dem Flug nach Howland keinerlei Alternativplan, keinen Plan B, den sie in Abhängigkeit eines problematischen Flugverlaufs hatte nutzen wollen und können (außer der angeblichen Planung ggf. auf die Gilbert Islands zurückzufliegen, was aber auf Grund mangelnder Reichweite von Howland Island aus sowieso nicht möglich war). Sie hätte für ihre Positionsbestimmung im Flug problemlos die Nauru Funkstation nutzen können.
- Earhart-Noonan -> Schlechtes Crew Resource Management. Noonan, so scheint es, versäumte es Earhart klar zu machen, dass seine Sextantennavigation nicht im Ansatz hinreichend prä-

zise sein würde, um Howland Island anzufliegen, obwohl Earhart dies nach dem Dakarflug hätte wissen sollen (66 NM nördlich[29]).

- Falsche Information. Earhart und Noonan verwenden eine Karte, auf der die Position von Howland Island[30] um 4,7 nautische Meilen falsch eingezeichnet ist (ghost).

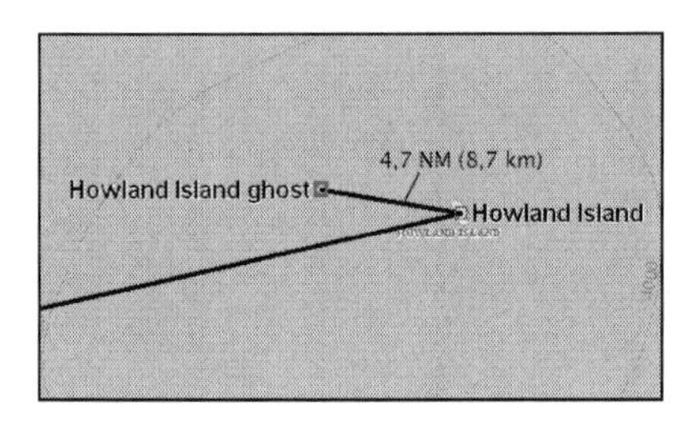

- Earhart -> Unzureichende Kommunikation. Earharts Kommunikation mit der Itasca war schlecht geplant und war einer der Hauptgründe für das Desaster. Insbesondere versäumte sie es klar zu machen, dass sie unter keinen Umständen 500 kHz Morsecode verwenden würde und dass sie keine Morsetaste mehr hatte. Sie verzichtete auf eine gemeinsame Checkliste mit endgültiger, beidseitiger Bestätigung aller Vereinbarungen (hier wären den Beteiligten sicher die Unzulänglichkeiten klar geworden).
- Itasca -> Unzureichende Skills. Die Itasca hielt sich nicht an die UTC Zeitkonvention und blieb auf Itasca Lokalzeit (UTC +11,5 h), was zu Verwirrungen und Fehlinterpretationen der Funker führte. Es gibt kaum Kommunikation mittels Sprechfunk seitens der Itasca, wahrscheinlich waren die Funker nur unzureichend hierfür ausgebildet. Statt dessen morsen sie auf 500 kHz (ca. 90% der Itasca Messages waren daher vollkommen sinnlos).
- Itasca -> schlechtes Management. Der Funker Frank Cipriani baut den Navy Hochfrequenz DF auf Howland Island auf. Itascas Kapitän Thompson war zunächst überhaupt dagegen, eine solche Anlage aufzubauen. Als sie verzweifelt gebraucht worden wäre,

---

[29] Nach dem Buch von Ric Gillespie verlief der Flug nach Dakar allerdings ganz anders als offiziell immer dargestellt

[30] siehe Flugplanung von Clarence Williamson, zu finden auf der Website der Purdue University, dort ist die Position mit 00° 49' N / 176° 43' W angegeben. Tatsächlich befindet sich Howland Island aber bei 00° 48' N / 176° 38' W, also 8,7 km weiter östlich.

waren nach offizieller Lesart die Batterien down! Möglicherweise funktionierte das Gerät aber gar nicht und die Logbücher sind reine Fantasieprodukte, wie es einer der Siedler später angab.

- US Navy, Küstenwache -> schlechtes Management. Die Itasca hatte ihrem Headquarter in San Francisco und der US Navy in Hawaii kontinuierlich zu berichten und daher stand die Antenne für die Kommunikation mit Earhart zu diesen Zeiten nicht zur Verfügung (es gab nur eine einzige Antenne).

Wie immer bei Murphys Law, all das braut sich zu einer einzigen Desastersuppe zusammen, Murphy ergänzt noch einen zu starken Gegenwind, hinzu kommt der Druck durch G.P.Putnam, sie solle am 4. Juli, dem amerikanischen Unabhängigkeitstag, zurück sein. Am Ende war für Earhart und Noonan kein Entkommen aus Murphys Desastersuppe, so wie sie gekocht war.

Was ist der Status - im Juli 2007 werden es 70 Jahre - nach all den Jahren Suche nach Earhart, Noonan und der Lockheed Electra 10E, den investierten Millionen Dollar und all der unsäglichen Arbeit und der fanatischen Suche der drei Parteien?

Eine ehrliche Antwort ist: Es gibt nichts als unverifizierte Hypothesen und daraus resultierende Spekulationen ohne jegliche Klarheit. Wie es Ric Gillespie von TIGHAR ausdrückt: "There is no smoking gun." Die Lösung des Puzzles ist so offen wie 1937.

So wie es aussieht, wird weiter gesucht. Wird man die Electra finden? Ein Flugzeug von der Größe der Electra auf dem 17.500 ft (5.300 m) tiefen Flachboden des Pazifik zu finden, ist um Größenordnungen schwieriger als das Auffinden der Titanic, ohne Glück wird es nicht gehen. Die Mathematiker brauchten von 1637 bis 1993 also 356 Jahre, um Fermats Gesetz zu beweisen. Die Suche nach Earharts Electra dauert noch nicht ganz so lang, hat allerdings auch einen Nachteil gegenüber der Suche nach einem Beweis für Fermats Gesetz. Die physikalischen Spuren von Earharts Flug werden im Laufe der Zeit langsam verschwinden und das ist eine gesicherte Tatsache.

Earhart Legenden

Das Buch wäre nicht vollständig, würde man nichts über die Earhart Legenden erzählen. Über die Jahrzehnte seit ihrem Verschwinden im Pazifik haben sich viele Gerüchte und Legenden breitgemacht (und wurden dazu noch publiziert), über das was Earhart und Noonan angeblich zugestoßen sein soll.

Einige haben behauptet, Earhart und Noonan seien durch die Japaner in ihrem damaligen südpazifischen Hoheitsgebiet für eine Reihe von Jahren gefangen gehalten und danach verurteilt und hingerichtet worden. Die ganze Geschichte ist durch mehrere Berichte amerikanischer Bürger entstanden, die angeblich Amelia Earharts Hilferufe am Radio gehört haben wollen. Ein 15jähriger Junge will angeblich am Radio gehört haben, wie Earhart von Japanern gefangen genommen wird. Betty Klenck, ein junges Mädchen aus Florida, will Earhart für mehrere Stunden in ihrem Radio gehört haben und notiert Hieroglyphen in ihrem Tagebuch. Durch eine Analyse der möglichen Überreichweiten gibt TIGHAR dem Szenario sogar eine winzig geringe, aber doch vorhandene Wahrscheinlichkeit.

Dass unter den Berichten an die Presse und sogar an Edgar Hoover vom FBI eine ganze Reihe „unecht" waren, darf ruhig unterstellt werden, das Volk liebte Earhart und man wollte, dass weiter gesucht werden sollte. Ein typischer Bericht aus dieser Zeit ist unter den Referenzen auf Seite 172 zu finden.

Eine andere Geschichte, berichtet von Bewohnern in Saipan in den nördlichen Marianen, behauptet, eine weiße Frau und ein weißer Mann seien gefangen genommen und später getötet worden, als ihr Flugzeug im Archipel – damals unter japanischer Besetzung – notlanden musste. Genau diese Geschichte ist im Jahr 1960 Fred Goerners Auslöser für seine Suche.

Man liest relativ regelmäßig von Zeit zu Zeit andere Varianten dieses Themas mit unterschiedlichen Inselnamen:

- Earhart/Noonan auf Tinian?
- Earhart/Noonan auf Kwajalein?
- Earhart/Noonan auf Jaluit?
- Earhart/Noonan auf dem Mili Atoll?
- usw.

Bei einigen der Vermutungen wurden Untersuchungen angestellt, in einigen Fällen wurden sogar Ausgrabungen vorgenommen. So wurde z.B. noch im Jahr 2004 eine archäologische Grabung auf Tinian an einer Stelle durchgeführt, die seit dem Ende des Zweiten Weltkriegs als Grab von Earhart und Noonan vermutet wurde. Diese Grabung war wie auch alle anderen davor erfolglos.

Eine ähnliche Darstellung wurde auch in der amerikanische Fernsehserie *Unsolved Mysteries* nachgestellt, doch es gibt keinerlei Beweise, dass so etwas wirklich geschehen ist.

Es wurde als „Beweis" ein Foto von Earhart in japanischer Gefangenschaft veröffentlicht, das sich später als Aufnahme zusammen mit einem japanischen Taxifahrer identifizieren ließ, aufgenommen vor ihrem Weltflug in Honululu. Ihr Armband wurde dabei als Handschelle interpretiert.

Insbesondere der Film *Flight for Freedom* von 1943, mit Rosalind Russell und Fred MacMurray wird oft als die Quelle für die Konspirationshypothese zitiert, nämlich dass Earhart eine Spionin gewesen sei.

Einige Forscher weisen daraufhin, dass die US Regierung auf Grund der Kriegspropaganda möglicherweise die falschen Gerüchte (die Japaner hätten Earhart gefangen genommen) unterstützte, aber zumindest nichts dagegen unternahm.

Abbildung 72:
In "japanischer Gefangenschaft"

Ein weiteres Gerücht war, Earhart sei gezwungen worden, für die Japaner in Propaganda-Radiosendungen als eine der vielen Frauen aufzutreten, die unter Tokyo Rose bekannt wurden. Nach Angabe in einer von Earharts Biografien untersuchte G.P.Putnam dieses Gerücht persönlich, konnte aber Earharts Stimme nirgendwo erkennen.

Einige Zeitungen haben behauptet, dass Earhart später nach Amerika zurückkehrte, wo sie unter anderem Namen ein ruhiges Leben lebte. Ein Mann belästigte aus diesem Grund in New York jahrelang eine Frau, die er wegen einiger Ähnlichkeiten für Earhart hielt. Er wurde am Ende als Stalker gerichtlich verurteilt.

Es gibt keinerlei Evidenz für die Richtigkeit all dieser oder ähnlicher Spekulationen. Ernsthafte Forscher und Historiker haben solche Vermutungen schon seit Langem als hochgradig unwahrscheinlich zur Seite gelegt. Einige drücken sich noch deutlicher aus: Es ist nichts als purer Unsinn.

Goldstein and Dillon formulieren es wie folgt: "Considerations of logic and feasibility rarely, if ever, have any effect upon those whom a conspiracy bug has bitten."

Kapitel 7: Referenzen

Die wesentlichen Reports

Es[31] gibt im wesentlichen drei Reports aus dem Jahr 1937. Alle im Folgenden genannten Reports enthalten wichtige Details und betrachten Earharts letzten Flug aus verschiedenen Perspektiven:

- **Der Chater Report (1937)**
  Eric H.Chater ist 1937 Leiter der Guinea Airways Limited und damit auch der Vorgesetzte von Balfour in der Funkstation Lae. Der Chater Report ist eigentlich kein Report sondern ein zusammenfassender Brief, gesendet auf Anfrage von H.Griffin von Placer Management in San Francisco. Der Brief war bis 1992 verschollen und wurde durch einen Glücksfall wiederentdeckt. Er enthält die wichtigsten Fakten aus der Perspektive von Lae vor dem Start und auch während des letzten Fluges, soweit man ihn in Lae mitverfolgen konnte.
- **Der Thompson Report(1937)**
  Der Report von Warner K.Thompson, Kapitän der Itasca, ist der Bericht aller Funkaktivitäten der Itasca und seiner späteren Suche nach Earhart/Noonan und der Electra. Er wurde 25 Jahre lang also bis 1962 als ‚classified information' unter Verschluss gehalten. In seinem Bericht schiebt Thompson die Schuld allein Amelia Earhart zu. Folgendes Statement stammt aus Thompsons Report:"Von der Tatsache her betrachtet, dass Earharts Flug zum großen Teil von der Funknavigation abhing, war ihre Haltung bezüglich der Abstimmungen mehr als hemdsärmelig, um es milde

---

[31] Das Foto auf der einleitenden Seite des Kapitels zeigt die Itasca ca. 1933 in einem Hafen des Pazifiks. Eingeblendet ist das Foto von Commander Warner K. Thompson.

auszudrücken."[32]

Commander Thompson starb im Alter von 53 Jahren am 1. September 1939 in Ketchikan, Alaska, an einem Herzinfarkt, zwei Jahre nach dem Verschwinden von Earhart und Noonan.

- **Der Lamprecht Report (1937)**
  Der Lambrecht Report wurde durch US Navy Lieutenant John O. Lambrecht verfasst, seinerzeit Seniorpilot an Bord der USS Colorado und leitete die Suche nach Earhart mit Vought O3U-3 Corsair Suchflugzeugen, die von der USS Colorado per Katapultstart in die Luft gebracht wurden. Die Suchaktion umfasste insgesamt eine viertägige Suche der Phoenix Islands im Süden von Howland Island.

Ferner gibt es noch einen späten **Report von Frederick J. Hooven** aus dem Jahr 1982. Hooven wurde im Jahr 1935 Vizepräsident und Chefingenieur der Radio Products Division der Bendix Aviation Corp. wo er den Hooven Radio Kompass entwickelte, der heute als Automatic Direction Finder oder ADF bekannt ist. Er installierte 1936 den RA-1B/DU-1 Prototyp in Earharts Electra.

Eine interessante Information aus dem Hooven Report ist folgende: Nach Hooven wurde nach Earharts Crash in Hawaii auch ein neuer RDF Prototyp mit Richtungsinformation (also ein richtiges ADF) eingebaut, dass auf Anweisung von Earhart später wieder gegen das alte Gerät getauscht wurde, weil die Bediengeräte des ADF beim Navigator, also bei Noonan anstatt bei ihr angebracht wurden. Earhart wies die Techniker an, das alte Gerät bei ihr vorne im Cockpit zu montieren.

Die **Floyd Kilts Story** ist der Auslöser für die TIGHAR Suche im Jahre 1988. Man erhält hierzu einen sehr guten Einstieg in das Thema durch die Lektüre des achtseitigen Artikels „Amelia Earharts Bones and Shoes".

Alle genannten Berichte außer dem Thompson Report sind auf der TIGHAR Website nachlesbar und jeder, der sich in die Materie vertiefen möchte, ist gut beraten, hier zu beginnen.

---

[32] Warner K. Thompson: "Viewed from the fact that Miss Earharts flight was largely dependent on radio communications, her attitude toward arrangements was most casual to say the least."

Andere Quellen im Überblick

Die Menge der Informationen zu Amelia Earhart ist schierweg überwältigend, wie man schnell feststellen kann, wenn man einmal ‚Amelia Earhart' im Internet bei Google oder anderen Suchmaschinen eingibt. Es ist vollkommen unmöglich, alles in diesem kleinen Buch darzustellen. Wer weiter interessiert ist, muss selber lesen. Im Folgenden sind einige Informationen zusammengestellt.

Besonders interessant sind natürlich die Funksprüche des letzten Fluges nach Howland Island. Kopien der *Originalprotokolle der Itasca* aus dem amerikanischen Nationalarchiv sind auf den folgenden Seiten ab Seite 162 dargestellt.

Für die Bewertung des tatsächlichen Verbrauchs der Electra sind die *Kelly Johnson Telegramme* die Schlüsselinformation (ab Seite 168).

Der ein oder andere mag sich auch für die Hinweise von amerikanischen Zeitgenossen interessieren, die angeblich Earhart am Radio gehört haben wollen. Ab Seite 172 ist ein typischer Brief aus der FBI-Sammlung dargestellt.

Auf den folgenden Seiten findet der Leser eine Liste von weiteren Referenzen, die, wie ich meine, recht vollständig auf andere Informationsquellen verweisen.

Form 2616 A—Revised Oct. 1933
TREASURY DEPARTMENT
U. S. COAST GUARD

RADIO LOG ITASCA Date 2 JULY , 193

W L GALTEN , RM 3C.-ON ENTRIES	TIME
STILL BUSI KHAQQ SKD-NIL	0001-10
NPM V NRUI ZFU AR/ NRUI V NPM ZOY O ZAD NIJP 8470 ZAB NPU AR/ NPM	
V NRUI R BK NPU V NRUI ZAD NPM BK NIJP V NRUI ZFU 8470 AR / UNANSWD	13-19
NPM V NRUI INT NIJP ZOY Z NRUI AR / NRUI V N C R AS / R	20
NPM V NRUI ZAF XX ZAG VA / NRUI V NPM R	23
TH BUSI 7500 WID KHAQQ WX XMITTING -A-A-S / UNANSWD ON 3105	25-35
NPM V NRUI ZOZ AR/ NRUI V NPM R ZOY O ANI DPEON EARHART ? / NPM,	
R ZZA BK ZCX KHAQQ AR / NRUI V NPM R / NPU V NRUI ZOZ AR/ UNANSWD	36-8
NMC V NRUI ZOZ AR / NRUI V NMC ZOY O AR / NMC V NRUI R ZOY O BK NPU	
V NRUI ZOZ AR/ UNANWD	40-4
LSNIN 3105 FER KHAQQ- PER TH/ NIL	45-50
NO SGS	53
LSNIN 7500 FER KHAQQ HRD ER / ES TH/ NIL	55-9
TH XMITING A-S HWLND ON 7500 / ALSO SENT A 3 ON 3105 REQUESTING A	
KEY BE SUED IN OBSERVING SKDS AS NIL FM KHAQQ / UNANSWD	0100-7
NMC V NRUI P AR/ NRUI V NMC K	10
NRUI V NMC R NR 1 : 23 6002/0112 K	16
NRUI V NMC R NR 2 : 24 6002/0113 ZOY O / R ZOY ZAG VA	18
LSINING 7500 / 3015 FER KHAQQ / NIL - XMITTING	2025
DITTO - ONLY ER LSIN 3105 - NIL	25-29
KHAQQ DE NRUI A-S / ALSO KHAQQ FM ITASCA HAVE NOT HRD UR SIGS YET	
PLS OBSVR SKDS WID KEY GA AM LSNIN 3105 NW / UNANSWD	30-9
NPM V NRUI ZOY 1 ZFU AR/ NRUI V NPM V-8 BK INT K / NRUI V NPM P	
INT K / K	40
NPM V NRUI R NR 1: 25 1002/0100 K	41
NPM V NRUI R NR 2: 26 SVC B/ K	43
NRUI V NPM R NR 1: 24 6002/ 0113 ZAG ZAF VA	45
LSNIN FER KHAQQ / NIL UNHRD	45-50
NO SIGS	53
KHAQQ DE NRUI XMITING W X ETC.	55-8
RELD BY T.J . O'HARE RM 3C CLR EXCEPT FER KHAQQ SKDS/ WL GALT	
	WL GALTEN59
SENDING A'S ON 7500 / AS PER SKED	0200
NPU ON 500 NIL	03
NO SIGS	06
NPM NPM V NRUI ZOY O ZOZ AR/ NRUI V NPM ZOY O PSE QRJ ZPJ NRUI NR 1 TO	
NMC WANT FER OU FILES /RR/ SENT NR 1 AS REQUESTED /	
NRUI V NPM RR TU/ LISTENED TO 3105 AT 15 TO 18 /	25
SENDING A'S ON 7500 KCS AS PER SKED	30-
ABLE HEAR EARHART AT(ON 3105)	45
SENT NMC ES NPM P NR 3 TO BOTH SRS 27 / R FM BOTH AT	56
OBSRVD SKED WITH EARHART AND GAVE WX ON FONE AT	0305
NO SIGS	08
NPM VES NMC B NR 3 FM NRUI AR/ NMC V NPM RR / R ZAG NIL	12
TUNED TO 3105 FER EARHART	14
EARHART UNHRD	2 1
OBSERVING SKED WITH EARHART ON 7500 AS PER SKED	28
SENT WX ON 3105 ON FONE AS PER SKED	35
SENT PRESS TO NMC NR 4 SRS 28/ NRUI V NMC R	40
HRD EARHART PLANE ON 3105	45

(OVER)

ENTRIES	TIME
O'HARE RM 3C. LAST ENTRY AT	0345
SILENT PERIOD	48
NRUI V NPM ZNU ZNN NR 2 / R C NR 1 NR 2 MAKE THAT NR 2 / NR/ ZAG VA	50
NO SIGS	53
NMC V NRUI ZOY O ZOZ AR/ ZOYO / HAVE U ESTABLISHED CONTACT WITH PLANE YET	
HRD HER BUT DNT KNW IF SHE HRS US YET / ZPH 3105/ ZPK 3105/ ZAG	58
GAVE WX TO EARHART ON FONE 3105	0400-03
ALSO ON KEY	07
NO SIGS	10-
TUNED TO EARHART ON 3105 KCS	13
EARHART UNHRD ON 3105 KCS THIS TIME	15-20
NO SIGS	23
GIVING EARHART WX ON KEY 3105	[illegible]
GIVING WX TO EARHART ON FONE 3105	35
NMC V NRUI ZOY O ZOZ / ZOY O/ ZAG VA/ NPM V NRUI ZOY O ZOZ AR/ ZOY O	
NPM V NRUI U HR EARHART ON 3105 / YES BUT CANT MAKE HER OUT/	40
TUNED TO EARHART / NO HR	48-50
WORKING NPM NW/ EARHART BROKE IN ON FONE 3105 / NW ???? UNREADABLE	55
TOLD NPM AS AS	56
SENDING WX TO EARHART ON KEY 3105	57
WX ON FONE N	0500
NO SIGS	03
NPM V NRUI ZPH 3105 FONE / NRUI V NPM ZZA CZW AR/ R BT NMC V NRUI	
ZOY O ZOZ AR/ NRUI V NMC ZDY O AR/ NMC V NRUI R ZAG VA	08
NMC V NRUI ZPH 3105 AR/ NRUI V NMC 3105 ZPK AR/ R ZAG VA	10
TUNED TO 3105 FER EARHART SIGS / UNHRD/	13-20
NO SIGS	23
SENDING WX ON KEY TO EARHART	26
SAME ON FONE	30
SAME ON KEY AGN KHAQQ KK	33
UNHRD	36
OBSERVING SKED ON 7500 KCS A'S	39-42
TUNINING FER EARHART ON 3105	45-50
NRUI V NPM ZFU AR/ SHIFTING FREQS	51
NO SIGS	54
NRUI V NMC P BT ZWB ZWB AR/ GAVE IT TO IM/ NRUI V NMC R R	0600
SENDING WX TO EARHART ON KEY	01
SAME ON FONE	05
OFF AT	06
TUNING FER HER	07
NPM V NRUI ZOY O ZOZ / UNHRD/ ZAF ZAG VA	10
EARHART ON 3105 NW / WANTS BEARING 3105 ETO	12
200 MILES OUT	13
WORKED HWLAND AND PASSED DNT HE DOPE TLD IM TAKE BEARINGS ON 3105 ETC	20-2[illegible]
NPU NPU NRUI V NPM NPM VVVV ZFU	30
SENDING A'S ON 7500 KCS/ CANT ANS NPM YET	33
NPU V NPM VVVV'S	34
CALLING EARHART ON 3105	36
NO SIGS	39
EARHART ON NW RECEPTION FAIRLY CLR NW	42-4
WANT BEARING CS WNTS REPT IN 1/2/ HR	47
CALLING HWLAND	50
GAVE HIM THE DOPE FER RELAY TO MR BAKER / ETC	56

Form 2614 A—Revised Oct. 1932
TREASURY DEPARTMENT
U. S. Coast Guard

RADIO LOG ITASCA   **Date** 2 JULY 193

ENTRIES	TIME
O'HARE RM 3 C. LAST ENTRY AT C.R.M. STANDING BY AT ALL TIMES	0658
WORKING HWLAND I ON KEY ES FONE	0700-03
SENDING A'S ON 7500 KCS AS PER SKED	08
SHIFTED TO 3105 NW	08
NW ON 7500	12
BACK TO 3105 A'S ETC	14
CALLING EARHART ON 3105 FONE NW / NO ANS / SENDING A'S ON 3105 NW	15 -17
ON FNE NW / CUM IN PSE	23
TOD HER GA ON 3105	27
CALLING CONSTANTLY ON 3105 ON FSE ES KEY / THOMPSON RM3C ON D/F	30
→ EARHART ON NW SEZ RUNNING OUT OF GAS ONLY 1/2 HR LEFT CANT HR US	
AT ALL / WE HR HER AND ARE SENDING ON 3105 ES 500 SAME TIME CONSTANTLY	40
AND LISTENING IN FER HER FREQUENTLY	50
STILL SENDING ON 3105 VOICE AND KEY A'S ON KEY	55
SENDING CONSTANTLY ON 7.5 MEGS AND 3105 CALLING HER AND TELLING HER	0800
TO GA ON 31405 THAT WE HEAR HER / STOPPING FREQUENTLY TO LISTEN IN FOR	
HER / LOG AT PSN NR 2 KEEPING PERTINENT DATA	56
ON 7500 AGN / AMELIA ON AGN AT 0800 SEZ HRS US ON 7.5 MEGS CA/	57
STILL SENDING ON 7500 KCS TELLING HER TO GA ON 3105 AND SENDING OUT SIGS FER	
HER TO OBSERVE BEARINGS ON / MAINTAINING LISTENING WATCH 3105 ES 7500	
ES 500	0908
STOP SENDING TO TUNE IN SIGNALS IF ANY ON 7500 ES 3105	09
NOTHING HRD AS YET	12
SENDING ON 7500 KCS TELLING HER TO ANS ON 500 OR 3105	
REPEATING ABOVE CONSTANTLY AND LISTENING ON THOSE FREQS	15
TUNING ON 6210 KCS / PSN 2 ON 3105 KCS / D/F ON 500 KCS N N N	25
CALL DE HOWLAND I ES TOLD IM GET D/F GG AT ALL COST VA/ 7500	35
CALLED EARHART ON 7500 KCS ES TOLD HER ANS ON 3105 AM TUNING NW FER HER	36
TUNING BROADLY ON 7500 / NR2 TUNING ON 3105 KCS NR3 D/F	
ON BRIDGE ON 500 KCS UNABLE READ HER/	38
STILL TUNING FER HER NOTHING HRD YET	42
KHAQQ DE NRUI / SEVERAL TIMES . WE CAN HEAR U GOOD ON 3105 SO PSE GVE US	
YOUR PSN ES GA ON 3105 AR KKK THIS WAS SPELLED OUT IN FULL	45/48
STILL TUNING HR ON 7500 KCS NOTHING AS YET	51
SAME	54
SAME	57
SAME	1000
NRUI2 V NRUI GET D/F GG AT ANI COST/ RPTD/ BT CALLED EARHART ON	
7500 KCS AND SEZ WE HEARD U ON 3105 KEEP ON USING 3105 GO ON 3105 AR/	05
NPM NPU V NRUI AR/ NRUI V NPMK/ NMF V NRUI	
SENT NPM NR 3 ES 4 SRS 30 31 / R V NPM AT / 1020 1023	08
RECVD PRIORITY NR 3 SRS 32/ R'D AT	28
BACK ON 6201 KCS MAINTAINING LISTENING WATCH FER PLANE	30
RELEIVED BY GALTEN RM 3C. SITUATION SAME - O'HARE RM 3C.	33
WRD FM D/F/ MAN TT WGEN WAS CALLING NRUI ON 500	34
WGEN DE NRUI QRU? QSY 600 ARK / UNASRWD	35-42
NRUI DE WGEN / WGEN DE NRUI K/ NRUI DE WGEN HAS EARHART ~~XXXXXXX~~ REACHED HOW-	
LAND YET? / WGEN DE NRUI NOT YET/ R TU	43-44
LSNIN 6210 FER KHAQQ / NIL BG	45-50
SAME	53
KHAQQ DE NRUI A-S WE HEAR YOUR SIGS OK ON 3105 2 HOURS AGO GO AHEAD	
ON 3105 OR 500 KCS 7500 / UNANSWD	

(OVER)

Form 2614 A—Revised Oct. 193
TREASURY DEPARTMENT
U. S. Coast Guard

RADIO LOG USCGC ITASCA Date 1 JULY 1937 , 193

L.G.BELLARTS CRM ON WATCH// ENTRIES 3105 KCS	TIME
WATCH STARTED AT// SIGNALS HEARD LOGGED ONLY//	1900
VERY WEAK SIGS ON 3105 / UNREADABLE AND SEEMED SHIFT ABOUT	1917
NO SIGS ON DURING PERIOD	1945/48
WATCH RELD BY GE THOMPSON RM3C LG BELLARTS CRM	50
NO SIGS ON 3105	2015-18
KHAQQ DE NRUI A A A A A NRUI HOWLAND ISLAND A A A A A	2030-35
UNREADABLE FONE SIGS ON OR ABT 3105	35-40
SENT WEA TO KHAQQ ON 7500	55-58
KHAQQ DE NRUI A A A A A NRUI HOWLAND ISLAND A A A A A A	2100-05
LISTENED FOR KHAQQ ON 3105 ND	15-18
SENT WEA 7500	55-58
SENT WEA 3105/ KHAQQ DE NRUI AAAAA NRUI HOWLAND AAAAAAA	2130-33
UNREADABLE FONE SIGS ON OR ABT 3105	41-43
LISTENED FOR KHAQQ - SEVERAL CARRIERS BUT UNREADABLE	45-48
GAVE WX TO KHAQQ 7500	55-58
KHAQQ DE NRUI A A AAAAAA NRUI HOWLAND ISLAND AAAAAAA	2200-03
SEVERAL UNREADABLE CARRIERS ON OR ABT 3105	03-07
PLANE UNHEARD	15-18
KHAQQ DE NRUI SENT WEA 7500	25-28
KHAQQ DE NRUI AAAAAAA NRUI HOWLAND AAAAAAAAAA	30-33
LISTENED FER KHAQQ - SEVERAL UNREADABLE FONES BUT CANT MAKE OUT	45-48
GAVE WX TO KHAQQ ON 7500	25-28
KHAQQ DE NRUI AAAAAAAAAA NRUI HOWLAND AAAAAAAAAAAA	30-34
LISTENED FER KHAQQ BUT ND	45-48
SXXXXXXXXXXXXQ SENT WEA TO KHAQQ	55-59
KHAQQ DE NRUI AAAAAAA NRUI HOWLAND AAAAAAAAA	2300-03
LISTENED FER KHAQQ BUT ND	15-18
SENT WEA TO KHAQQ ON 7500	25-28
KHAQQ DE NRUI AAAAAAAAAA NRUI HOWLAND AAAAAAAAA	30-33
LISTENED FER KHAQQ ON 3105 ND QRM FONES ES UNREADABLE	45-48
KHAQQ DE NRUI (GAVE HER OUR WEA ON 7500)	55-58
KHAQQ DE NRUI AAAAA NRUI HOWLAND AAAA PSE GA 3105 NOW K (UNHRD)	0000-04
KHAQQ UNHRD	15-18
SENT WX TO KHAQQ ON 7500	25-28
KHAQQ DE NRUI AAAAAAA NRUI HOWLAND AAAAA PSE ANS 3105 (UNHRD)	30-34
KHAQQ UNHRD	45-48
SENT WEA TO KHAQQ	55-58
KHAQQ DE NRUI AAAAAAAAA NRUI HOWLAND AAAAAAAAAA	0100-04
KHAQQ UNHRD	15-18
SENT WEA TO KHAQQ	25-28
KHAQQ DE NRUI AAAAAAA NRUI HOWLAND AAAAAAAAA	30-34
KHAQQ UNHRD	45-48
SENT WEA TO KHAQQ ON 7500	55-58
KHAQQ DE NRUI AAAAAAAA NRUI HOWLAND AAAAAAAA	0200-04
WATCH RELD BY LG BELLARTS CRM GE THOMPSON RM3C	05
NOTHING HEARD ON 3105 KCS	0215-20
SENT WEA ON 7500	28
AAAAAAAAA - AAAA NRUI HOWLAND	30-35
ITASCA TO EARHART / FONE 3105//	36
HEARD EARHART PLANE / BUT UNREADABLE THRU STATIC	45/48
SENT WEATHER TO KHAQQ -	0300
AAA AAA AAA ETC ETC TO KHAQQ/HOWLAND DE NRUI	04

(OVER)

ENTRIES	TIME
REPEATED WX ON FONE//	0300
NOTHING HEARD FROM EARHART//	- 15, 18
SENT WX AT	30
A A A A A A DE NRUI / HOWLAND	34/
REPEAT WEATHER ON FONE 3105//	35
EARHART HEARD FONE/ WILL LISSEN ON HOUR AND HALF ON 3105-SEZ SHE	45/4--
BROADCAST WEATHER FONE 3105//	0400
REPEATED WEA ON KEY/ 3105 KCS/	02
EARHART UNHEARD//	15/18
BRDSCT WX ON KEY AND FONE//	30/35
SENT WEATHER /CODE/FONE/ 3105 KCS--(HEARD EARHART -(PART CLDY)----	53
-- - - - - - - - - - - - - - - - -	0500
EARHART UNHEARD//	15/18
SENT WX AT- FONE KEY- 3105	30/35
AAAAAAAAAANRUI TO 7500 KCS//	40
NO HEAR DURING ((SETTING ON 3105 ALL TIMES//	45/50
SENT WEATHER / CODE AND KEY 3105 KCS/	0600-05
WANTS BEARING ON 3105 KCS// ON HOUR// WILL WHISTLE IN MIC	14//
ABOUT TWO HUNDRED MILES OUT// APPX// WHISTLING// NW	15
AAAAAAAANRUI (7500)-(LISTENING THRU ON 3105)	30-
AAAAA NRUI --	35
CALLED EARHART ON 3105 VOICE//	36
AAAAAAAAAA NRUI NRUI TO //PSE ACKN 3105	41
PSE TAKE BEARING ON US AND REPORT IN HALF HOUR--	45
I WILL MAKE MOISE IN MIC -ABT 100 MILES OUT	46
AAAAAAAAAAA 7500	0705/
AAAAAAAAA - 3105	08/12
AAAAA NRUI ETC// 7500	12-14
AAAAAAA NRUI 7500 3105	14-16
FONE TO EARHART/ CANNOT TAKE BEARING ON 3105 VY GOOD/ PLESE SEND ON	
500 OR DU WISH TAKE BEARING ON US / GA PSE// NO ANSWER	18
KHAQQ DE NRUI A-S GA 3105 / UNANSWD	19-24
KHAQQ FM ITASCA PLS GA ON 3105 KCS / UNANSWD / CRM/DC NOW ON THE	25
KHAQQ DE NRUI A-S GA 3105 / UNANSWD / NRUI'S MAIN D/F 500 KCS	26-9
KHAQQ FM ITASCA PLS Y OUR SIGS ON KEY PLS / UNANSWD	30
KHAQQ DE NRUI A-S	31-4
KHAQQ DE NRUI A-S, 7500 KCS	35-40
KHAQQ DE NRUI A-S, 3105 KCS	41
KHAQQ CLNG ITASCA WE MUST ON XX YOU BUT CANNOT SEE U BUT GAS IS	
RUNNING LOW BEEN UNABLE TO REACH YOU BY RADIO WE ARE FLYING AT A	
1000 FEET	42
KHAQQ DE NRUI R MSG R QSA 5 R A-S (500 ES 3105) GA / UNANSWD	43-6
KHAQQ DE NRUI R MSG R QSA5 R AX-S (3105)	47-8
KHAQQ FM ITASCA UR MSG OK PLS Y WID A3, A3/3105 / A-S FM NRUI A2	49-50-57
KHAQQ CLNG ITASCA WE ARE CIRCLING BUT CANNOT HR U GA ON 7500 WID A	
LNG COUNT EITHER NW OR ON THE SKD TIME ON ½ HOUR (KHAQQ S5 A3)	58
KHAQQ DE NRUI A-S, 7500 / GA 3105	
KHAQQ CLNG ITASCA WE RECD XX UR SIGS BUT UNABLE TO GET A MINIMUM PSE	
TAKE BEARING ON US AND ANS 3105 WID VOICE / NRUI DE KHAQQ LNG DASHES	
ON 3105 -/ NRUI2 DE NRUI P AR	0800-3
NRUI2 GIVING TO DPE TT NO SIGS ON 3105 ES IMPOSSIBLE TO WRK ITA / R	04
KHAQQ FM ITASCA UR SIGS RECD OK WE ARE UNABLE TO HEAR U TO TAKE A	
BEARING IT IMPRACTICAL TO TAKE A BEARING ON 3105 UR VOICE HW DO U	
GET TT GA / UNANWD, 3105	05
KHAQQ DE NRUI GA ON 3105 OR 500 K, 7500	06

Form 2614 A—Revised Oct. 1933
TREASURY DEPARTMENT
U. S. COAST GUARD

RADIO LOG ITASCA **Date** 2 JULY, 1937

ENTRIES	TIME
W L GALTEN, RM3C ON - CGR-32-1	
KHAQQ DE NRUI GA 500 WID DASHES ON 500 K / UNANSWD	0805-8
KHAQQ FM ITASCA DID U GET TT XMISION ON 7.5 MEGS GA ON 500 KCS SO TT WE MAY BE ABLE TO TAKE A BEARING ON U IMPOSSIBLE TO TAKE A BEARING ON 3105 - PLS ACKNWLDGE THIS XMISION WID A3 ON 3105 GA / UNANSWD	11
KHAQQ DE NRUI RPTING ABVE INFO ON 7500 / NO ANSWR	12-14
KHAQQ FM ITASCA DO U HR MY SIGS ON 7500 KCS OR 3105 KCS PLS ACKNWLDGE WID RECEIPT ON 3105 KCS WID A3 GA / UNANSWD	15
KHAQQ DE NRUI REPTED ABVE DPE ON 7500 GA 3105 A3 AR / UNANSWD	16-7
KHAQQ FM ITASCA WL U PLS Y OUR SIGS ON 7500 OR 3105 GA WID 3105 A3	18
KHAQQ UNANSWD	19
KHAQQ DE NRUI GA 3105 A3 KCS WID REPORT OUR SIGS	20-3
KHAQQ DE NRUI GA 3105 KCS WID A3 ES XMIT POSN REPT ES QSA ON OUR SIGS	24-6
ITASCA TO EARHART WE XMITING CONSTANTLY ON 7.5 MEGS DO U HR US KINDLY CFM RECEIPT ON 3105 WE ARE STANDING BY, A3/3105	27
KHAQQ DE NRUI ANS 3105 A3 K / UNANSWD	288-9
KHAQQ DE NRUI ANS 3105 KCS WITH REPORT ES POSN, XXXX 7500 / UNANSWD	30-1
EARHART FM ITASCA WL U PLS CUM IN AND ANS ON 3105 WE ARE XMITING CONSTANTLY ON 7500 KCS WE DO NOT HR U ON 3105 PLS AND 3105 GA / UNANSWD	33
KHAQQ DE NRUI ANS 3105 KCS WID A3 HW OUR SIG QSA? GA / UNANSWD	34-41
LSNIN 3105 / NIL - CRM TUNIN UP T16 FER XMISION TO NMC	XX 42
NMC V NRUI P AR, 12600 / UNANSWD	XX-43
KHAQQ TO ITASCA WE ARE ON THE LINE 157 337 WK WL REPT MSG WE WL REPT N ES S THIS ON 6210 KCS WAIT, 3105/A3 S5 (?/KHAQQ XMISION WE ARE RUNNING ONXXX LINE	43
LSNIN 6210 KCS / KHAQQ DE NRUI HRD U OK ON 3105 KCS RX, 7500	44-6
KHAQQ DE NRUI PLS STAY ON 3105 KCS DO NOT HR U ON 6210 MAINTAIN QSO ON 3105, 7500 / UNANSWD	47
NIL ON 3105 OR XX 6210 FM KHAQQ / KHAQQ DE NRUI ANS 3105 KCS	48
KHAQQ DE NRUI ANS 3105 KCS A3 / UNANSWD	49-53
KHAQQ DE NRUI UR SIGS OK ON 3105 GO AHEAD WITH POSN ON 3105 OR 500 KCS / UNANSWD	54-0907
LSNIN 3105 AND 6210/500 KCS / NIL	08
KHAQQ DE NRUI ANS 3105 OR 500 UR SIGS OK ON 3105 GA WID POSN, 7500	09-13
LSNIN 6210 ES 3105 - NIL / 500 NIL	14
LSNIN 3105, 6210, 500 AND 500 D/F - NIL	15-33
NRUI2 V NRUI - PER TO, REF HI FREQUENCY D/F, 7500	34
KHAQQ DE NRUI GA ON 3105 KCS, 7500 / UNANSWD	35
NIL FROM KHAQQ / 3105, 6210, 500 OR 500 D/F	36-41
KHAQQ DE NRUI: XMITING DPE ON ANSWING FREQS / WE CAN HEAR U FINE ON 3105 PLS GA ON 3105, 7500 / UNANSWD	42-6
NIL FROM KHAQQ	49
NIL FROM KHAQQ / 3105, 6210, 500 OR 500 D/F	52-9
NRUI2 V NRUI: - PER TO / GET THE RDO COMPASS WRKING NOW, 7500	1002-2
KHAQQ DE NRUI WE HEARD YOU ON 3105 KCS, ETC - 8500	03-5
NPM NPU V NRUI V-S ZME / NPM V NRUI INT ZCT KHAQQ INT ZCY KHAQQ AR	08-10
NRUI V NPM ZZA INT FREQ AR / 3105 / R ZOZ AR / DID U HERE KHAQQ AT ALL AR / ZZA /R THAT T TO NPU / R (NPM/NRUI - 12600/13380) - PER TO	12
NRUI V NPM AR / NPM V NRUI RK / BNXX3 B NR3 / R AS	14
TO ENGAGED NPM: XMITING P MSGS, 12600	15-26
DC ENGAGED NPM: RECVING P , 12600 / LSNIN 3105 CONSTANTLY, NIL / BG	27-30
BG OFF TO DC//	35
WGEN WGEN DE NRUI NRUI QRU IMI	38
WGEN WGEN DE NRUI QRU 600 K	39

(OVER)

Form 2614 A—Revised Oct. 1933
TREASURY DEPARTMENT
U. S. Coast Guard

RADIO LOG ITASCA Date 2 JULY 1937 193

ALL OF THE "TIME" IS COMPUTED IN ZONE PLUS 10 1/2.		TIME
F CIPRIANI ON HOWLAND ISLAND STANDING BY TO TAKE BEARINGS ON 3105 KCS ON EARHART PLANE. ASSUMED WATCH AT ----		2200
WEAK FONE ON 3105 KCS. UNREADEABLE		2345
3 JULE 1937		
WEAK FONE ON 3105 (I AM USING A LONG VERTICAL ANTENNA FOR RECEPTION OF SIGNALS ONLY) UNABLE TO GET BEARINGS		0015
ITASCA TESTING WITH NMC ON FONE	3105	0215
ITASCA GIVING WEATHER ON FONE TO KHAQQ BLIND	3105	0630
ITASCA GIVING WEATHER ON FONE TO KHAQQ BLIND	3105	0700
ITASCA GIVING WEATHER ON FONE TO KHAQQ BLIND	3105	0715
PICKED UP EARHART (USING LONG ANTENNA, S3, HARDLY ANY CARRIER, SEEMED OVERMODULATED, SWITCHED OVER TO LOOP FOR BEARING, S1 TO 0. SHE STOPPED TRANSMISSION) BEARING NIL	3105	0717
WORKED ITASCA (REQUESTING BEARING ON PLANE) NRUI V NRUI2 R		0725
ITASCA SENDING BLIND TO KHAQQ		0735
(AM USING THE D/F AND RECEIVING SET SPARINGLY DUE TO HEAVY DRAINAGE ON BATTERIES) (THE BATTERIES ARE OF LOW AM-HOUR CAPACITY)		
EARHART ON THE AIR, S4, "GIVE ME A BEARING", EARHART DID NOT TEST FOR BEARING. HER TRANSMISSION TOO SHORT FOR BEARING, STATIC X5, HER CARRIER IS COMPLETELY MODULATED. COULD NOT GET A BEARING DUE TO ABOVE REASONS.	3105	0747
ITASCA SENDING "A" TO KHAQQ	3105	0800
ITASCA SENDING "A" TO KHAQQ	3105	0815
ITASCA CALLING KHAQQ ON FONE	3105	0820
ITASCA CALLING KHAQQ ON FONE	3105	0830
KHAQQ KHAQQ DE NRUI NRUI MSG MSG R R AAAAAAA ETC	3105	0845
BATTERIES WEAK		
VOICE ON 3105. CAME IN AT END OF TRANSMISSION.	3105	0859
ITASCA CALLING EARHART TO ANSWER ON 500 KCS STEADLY TILL ---		0920
RECEIVED INFORMATION THAT ITASCA BELIEVE EARHART DOWN. LANDING PARTY RECALLED BACK TO VESSEL.		0926
ALL BATTERIES ON THE ISLAND ARE DISCHARGED. COMMENCED TO CHARGE THEM.		1000
4 JULY 1937		
CHARGING BATTERIES ALL DAY		

F CIPRIANI RMSC

TRANSCRIPT OF THE LOG KEPT ON HOWLAND ISLAND

(OVER)

Die Kelly Johnson Telegramme

BY DIRECT WIRE FROM

WESTERN UNION

CLASS OF SERVICE

SIGNS

TWS MAR 11 1937

AMELIA EARHART
MUNICIPAL AIRPORT, OAKLAND CALIFORNIA

I AM ADVISING MARSHALL AS FOLLOWS QUOTE COMPLETE FUEL CONSUMPTION TESTS ON EARHART ELECTRA AT FIVE THOUSAND FEET ALTITUDE WITH TWENTY TO THIRTY DEGREE HEAD TEMPERATURE RISE GIVE FOLLOWING STOP NINETEEN HUNDRED RPM TWENTY NINE INCHES WITH CAMBRIDGE ZERO SEVEN ONE GIVES FIFTY ONE POINT FIVE GALLONS PER HOUR FOR AIRPLANE STOP EIGHTEEN HUNDRED AT TWENTY EIGHT AT ZERO SEVEN ONE GIVES FIFTY TWO POINT FOUR GALLONS PER HOUR STOP FIFTEEN HUNDRED FIFTY AT TWENTY FOUR AT ZERO SEVEN ZERO GIVES THIRTY EIGHT POINT SIX STOP EIGHTEEN HUNDRED AT TWENTY SIX AT ZERO SEVEN ONE GIVES FORTY THREE STOP SEVENTEEN HUNDRED AT TWENTY TWO AT ZERO SEVEN ZERO GIVES THIRTY SIX STOP OTHER VALUES ALSO TESTED STOP HEAD TEMPERATURES NOT OVER THREE SIX FIVE STOP ENGINES SMOOTH USED NEW PLUGS AND HAD EXCELLENT CONDITIONS STOP WE RECOMMEND FOLLOWING POWER AND CAMBRIDGE SETTINGS ON FLIGHT STOP
THREE HOURS EIGHTEEN HUNDRED RPM TWENTY EIGHT INCHES FOUR THOUSAND FEET AT CAMBRIDGE SETTING ZERO SEVEN THREE AND FIFTY EIGHT GALLONS HOUR STOP THREE HOURS SEVENTEEN HUNDRED RPM TWENTY SIX POINT FIVE INCHES SIX THOUSAND FEET AT ZERO SEVEN TWO AT FORTY NINE GALLONS PER HOUR STOP THREE HOURS SEVENTEEN HUNDRED RPM TWENTY FIVE INCHES EIGHT THOUSAND FEET AT ZERO SEVEN TWO AT FORTY THREE GALLONS STOP AFTER NINE HOURS FLY AT SIXTEEN HUNDRED RPM TWENTY FOUR INCHES OR FULL THROTTLE TEN THOUSAND FEET AT ZERO SEVEN TWO AT THIRTY EIGHT GALLONS PER HOUR STOP AWAIT YOUR COMMENTS BY WIRE TODAY FOR ADVISING EARHART UNQUOTE WILL ADVISE YOU MORE FULLY TONIGHT STOP PLEASE WIRE RESULTS OF YOUR TEST HOP OVER OCEAN ON WAY TO OAKLAND AT ONCE.

C L JOHNSON LOCKHEED AIRCRAFT CORPORATION

TWS MAR 11 1937

AMELIA EARHART
MUNICIPAL AIRPORT
OAKLAND CALIFORNIA

WIRES FROM MARSHALL CONFIRMS MY RECOMMENDATION OF POWER AND FUEL CONSUMPTION STOP REMEMBER TO LEAN MIXTURE VERY SLOWLY STOP NINE HUNDRED GALLONS FUEL AMPLE FOR FORTY PERCENT EXCESS RANGE TO HONULULU FOR CONDITIONS GIVEN IN WIRE THIS MORNING STOP IF NECESSARY MIXTURE CAN BE LEANED TO ZERO SEVEN ZERO ON LAST HALF OF FLIGHT IF EXCEPTIONAL HEAD WINDS EXIST STOP CHECK SPARK PLUGS BEFORE TAKE OFF WIRE ME FUEL REQUIRED FOR TRIP TO HAWAII ON ARRIVAL THERE SO I CAN RE-CHECK FUEL REQUIRED FOR OTHER HOP STOP PHONE ME AT BURBANK TWO SEVEN FOUR SIX TONIGHT IF YOU NEED MORE DATA STOP HOLD ALTITUDE GIVEN IN WIRE WITHIN TWO THOUSAND FEET IF WINDS UNDER TEN MPH ARE ENCOUNTERED

C L JOHNSON
LOCKHEED AIRCRAFT CORPORATION

TWS MAR 13 1937

AMELIA EARHART
MUNICIPAL AIRPORT
OAKLAND CALIFORNIA

REVISED FLIGHT DATA FOR EIGHT THOUSAND FEET AT BEGINNING OF FLIGHT AS FOLLOWS STOP CLIMB AT TWO THOUSAND FIFTY RPM TWENTY EIGHT AND ONE HALF INCHES AT ZERO SEVEN EIGHT TO EIGHT THOUSAND FEET STOP FIRST THREE HOURS AT NINETEEN HUNDRED RPM TWENTY EIGHT INCHES AND ZERO SEVEN THREE AT SIXTY GALLONS HOUR STOP NEXT THREE HOURS AT EIGHTEEN HUNDRED RPM TWENTY SIX POINT FIVE INCHES AT ZERO SEVEN TWO AT FIFTY ONE GALLONS HOUR STOP AFTER SIX HOURS USE DATA GIVEN IN PREVIOUS LETTER OR WIRE STOP GALLONS PER HOUR SHOULD RUN LITTLE UNDER FIGURES GIVEN

C L JOHNSON
LOCKHEED AIRCRAFT CORPORATION[33]

[33] alle drei Telegramme sind Abschriften der Originale (siehe Internet)

Ashland, Kentucky
September 22nd, 1943

Mr. Walter Winchell,
c/o Daily Mirror,
235 E. 45th Street,
New York, N.Y.

Dear Mr. Winchell:

On July 3rd., 1937 at 2:20 P.M. E.S.T., I picked up Amelia Earhart's distress signal by radio short wave. This message contained some 300 to 400 words -- in which she described Mille or Mulgrave Atoll, Klee Passage, Knox Island and seemed to be located on a small island of 133 acres adjoining Knox, directly N.E. of a part of Marshall Island.

The above message was accidently picked up and, of course, contained many words to be remembered. Static did not interfere with reception at this time but later all messages were over-lapped. I heard the call letters one time only, but heard the name several different times.

She stated very plainly they had everything. Just what this meant I do not know.

E.S.T. was given as the time of her broadcast. Many people have disagreed with me, about this time, but it is my opinion they had a reason for useing E.S.T. because she definitely stated the exact time. I have been told these Fliers would have expected their calls to be received only on the west coast. This doesn't make sense to me for anyone in their plight, any more than the fact the wrong call letters were given to or by the news.

I made an attempt to get the attention of someone who was interested in these people but at the same time I thought their calls had been received by the proper authorities. I was not informed until quite recently nothing had been heard from Miss Earhart.

So far I haven't been able to contact anyone who was tuned to the frequency at the time the 2:20 SOS was received but many have contradicted me about the call being a genuine distress signal.

RECORDED & INDEXED

62-118644-7

OCT 25 1943

Deleted ... 11-28-75

W.W.------Page #2

In the above mentioned broadcast Amelia Earhart stated their food supply was good. I presume she referred to the provisions they had with them, because she also said there was not any habitation or life but some vegetation and it was a bleak place, but they were alright at that time. She spoke of the Captain's injury.

The maps to which I have access list only one Knox or Tarawa Island. This corresponds to her statement they were located on a British New Guinea controlled island between 1800 and 1900 miles from New Guinea, but seems to be out of line with some other directions given by Miss Earhart.

There are many "if, ifs" about the disappearance of Amelia Earhart and Capt. Noonan, one of which is -- if these people haven't been located some record might be found at this late date.

Miss Earhart described the damage to the plane and stated it was drifting. She, also, said they could see a few small trees on part of another island in day light.

The last time I heard the name spoken was Aug. 10 of that year, and their sound wave was received only a few times after this date.

The fact that I could pick up both of two way communications and did not hear any messages addressed to these people leads me to believe they were received on a frequency not intended for their use.

I have been advised by reliable authorities all messages supposedly from these people have been traced and found to be false. I do not know how they have been traced, but do know this is not true in my case. The matter may be something which does not concern me, but it is true. SOS signals can't be played over as Victrola records.

Another, "if" -- these people were truly lost it is a pity some broadcast arrangements to and from them could not have been made within this section as I am sure it would have been successful. After all they were human.

W.W.------Page #3

There would be no point in my stating I had heard Amelia Earhart if I hadn't because any individual was likely to have picked up these galls. Many persons probably did hear them but did not report them to G.P.P.

Your question about the receppion makes me think there might be a difference in calls heard other than by stations.

Thank you for your reply to my message and present interest.

Very truly yours,

Bücher

Earharts eigene Bücher

[1] Amelia Earhart, *20 Hrs., 40 Min: Our flight in the Friendship*, published 1928 by National Geographic Society

[2] Amelia Earhart, *The Fun of It*, Erstausgabe 1932, Reprint 2006 Academy Chicago Publishers, ISBN 0-915864-55-X

[3] Amelia Earhart, *Last Flight*, 1937 (fertiggestellt durch George Palmer Putnam) Hartcourt, Brace & World, Inc., Paperback durch Harbrace Paperbound Library 1965, 195 Seiten

Bücher der Investigatoren

[4] Fred Goerner, *The Search for Amelia Earhart*, published 1966 by Doubleday & Company, New York, 330 Seiten

[5] Elgen M. Long and Marie K.Long, *Amelia Earhart -The Mistery Solved*, published 1999 by Simon & Schuster, ISBN 0-684-86005-8, 251 Seiten

[6] King, Thomas F.; Jacobson, Randall; Spading, Kenton; Burns, Karen Ramey; *Amelia Earharts Shoes.* Lanham, MD: AltaMira Press, 2001, ISBN 0-7591-0130-2 (TIGHAR-Report)

[7] Ric Gillespie, *Finding Amelia, the true story of the earhart disappearance*, Naval Institute Press, 2006, ISBN 1-59114-319-5 (TIGHAR), 276 Seiten

[8] David W. Jourdan, *The Deep Sea Quest for Amelia Earhart*, Ocellus Publishing, Erstausgabe 2010, ISBN 978-0984328208

Biographien

[9] Briand, Paul, *Daughter of the Sky*. New York: Duell, Sloan, Pearce, 1960.

[10] Butler, Susan, *East to the Dawn*: The Life of Amelia Earhart. Reading MA: Addison-Wesley, 1997.

[11] Devine, Thomas E., *Eyewitness: The Amelia Earhart Incident*. Frederick, CO: Renaissance House, 1987.

[12] Loomis, Vincent V., *Amelia Earhart, the Final Story*. New York: Random House, 1985.

[13] Lovell, Mary S., *The Sound Of Wings*. New York: St. Martin's Press, 1989.

[14] Rich, Doris L., *Amelia Earhart: A Biography*. Washington DC: Smithsonian Institution Press, 1989.

[15] Strippel, Dick., *Amelia Earhart — The Myth and the Reality*. New York: Exposition Press, 1972.

Deutschsprachige Bücher

[16] Alexis von Croy, *Abenteurer der Lüfte*, Piper Verlag 2003, ISBN 3-89029-266-6, Seiten 91-126, Das Jahrhundert Mysterium: Amelia Earhart verschwindet im Pazifik. (Essay)

[17] Amelia Earhart, *20 Std., 40 Min.*, 2006, Frederking und Thaler Verlag ISBN 3-89405-483-2

[18] Monika Keuthen, *Amelia Earhart* (Biographie), 2001, Econ Ullstein List Verlag aus der Serie ‚Rebellische Frauen' ISBN 3-548-60052-2

Fiktionale Bücher

[19] *I Was Amelia Earhart* ist eine falsche Autobiographie, verfasst durch Jane Mendelsohn, bei der "Earhart" erzählt, was tatsächlich 1937 passierte komplett mit heftiger Romantik und der Liebe zu ihrem Navigator Noonan.

[20] *Flying Blind* by Max Allan Collins ist ein Kriminalroman bei dem Natham Heller als Bodyguard für Amelia Earhart angeworben wird. Über kurz oder lang verlieben sie sich und Heller hilft ihr, nach ihrem mißglückten Flug den Japanern zu entkommen.

[21] In Christopher Moores Novelle *Fluke* aus dem Jahr 2003, überlebt Earhart ihren Unfall und taucht als Mutter einer der Charaktere auf.

Filme

1943 Der Rosalind Russell Kinofilm *Flight for Freedom*: Die Geschichte der berühmten Fliegerin Tonie Carter, die freiwillig ihr Leben opfert um bei den U.S. Kriegsvorbereitungen zu helfen. Als Film, der im Krieg 1943 gedreht wurde, ein klarer Vertreter der Konspirationstheorie. Der Film ist ein cleveres Stück Propaganda, in dem jeder Japaner gleich ein Spion ist.

1976 *Amelia Earhart; The Final Flight* (Filmregisseur George Schaefer) ist eine zweiteilige Miniserie mit Hollywood Stuntpilot Frank Tallman dessen verstorbener Firmenpartner der Tallmantz Aviation, Paul Mantz, in den 1930er Jahren Earharts technischer Berater war.
Paul Mantz kam bei den Dreharbeiten zum berühmten Film „Der Flug des Phoenix" (mit James Stewart und Hardy Krüger) ums Leben.

1994 *Amelia Earhart: The Final Flight.* (Filmregisseur Yves Simoneau) Kinofilm mit Diane Keaton als Amelia Earhart und Rutger Hauer als Fred Noonan.

2009 *Amelia*. Twentieth Century Fox Film (Filmregisseurin Mira Neir). Kinofilm mit Hillary Swank als Amelia und Richard Gere als G. P. Putnam, siehe auch die Filmkritik des Autors auf Seite 181.

Dokumentationen

1992 *Untold Stories: The Search for Amelia Earhart.*
US Fernsehdokumentation.

1993 *Amelia Earhart: The Price of Courage.*
US Fernsehdokumentation.

Andere kulturelle Referenzen

- 1963 erscheint in den USA eine *8 cent Briefmarke* mit Amelia Earhart aus einem bekannten Earhart Foto als Motiv.
- Die Sängerin *Joni Mitchell* schrieb ein Song "Amelia" für ihr 1976er Album, Hejira.
- Earhart ist Thema im Song "Someday We'll Know" der *New Radicals*, der später von Mandy Moore und Jonathan Foreman im Film A Walk To Remember verwendet wird.
- Die Band '*The Story*' schrieb einen Song über Earhart namens "Amelia" auf ihrem Album von 1993, The Angel in the House.
- *Ross Geller* erwähnt Amelia Earhart im populären Sitcom Friends in Episode 18 der 9. Saison, mit dem Titel 'The One with the Lottery'. Er erwähnt mit Enthusiamus, dass "the woman just vanished" und will ihr zusammen mit Dinosauriern einen Themenpark widmen.
- Der Song "I Miss My Sky", getextet von *Heather Nova* für ihr 2005 Album Redbird, ist Earhart gewidmet und unterstellt, dass Earhart auf einer Insel überlebte.
- Die Rockgruppe *Slaughter* schrieb einen Song mit dem Titel "Fly To The Angels" der Amelia Earhart gewidmet ist.
- Die *Star Trek: Voyager Episode, "The 37s"*, nimmt an, dass Earhart und Noonan 1937 durch Aliens gekidnapped und zum Delta Quadrant entführt wurden, wo sie durch Captain Kathryn Janeway gefunden werden aber sich entscheiden, in der entfernten Galaxie zu bleiben anstatt zur Erde zurückzukehren. (In Star Trek ist auch eine der Hauptraumstationen der Starflotte nach Earhart benannt.)
- Im Microsoft Flugsimulator 2004 ,*Century of Flight'* ist Earharts Vega 5B sehr nahe am Original nachempfunden und man kann drei von Earharts Rekordflügen, nämlich den Atlantikflug 1932, Burbank nach Mexiko-Stadt und Mexiko-Stadt nach Newark im Simulator nachfliegen. Ursprünglich war auch geplant, den Weltflug und auch die Lockheed Electra in das Produkt zu integrieren, dies stieß aber auf Widerstand. Die Insel Howland Island ist im MS 2004 trotzdem vorhanden.

Memorial Flights

Abbildung 73:
Linda Finch

Ann Dearing Holtgren Pellegreno ist Musikerin, Autorin und Farmerin aus Iowa. Am 9. Juni 1967 hebt sie mit einer Lockheed Electra 10 und einer dreiköpfigen Crew von Oakland ab und wiederholt Earharts Flug von 1937. Sie erreicht genau am 2. Juli 1967, also genau dreissig Jahre nach dem Verschwinden von Earhart und Noonan, Howland Island und wirft dort ohne zu landen einen Kranz ab. Sie beendet wenig später am 7. Juli 1967 in Oakland ihre Weltumrundung mit fast 45.000 km.

Linda Finch, eine erfahrene Pilotin mit über 8.000 Flugstunden flog 1997 mit einer restaurierten Lockheed Electra 10E in zehn Wochen die gleiche Strecke wie Earhart 1937.

Im Gegensatz zu Earharts Electra war Finchs Electra zusätzlich mit GPS ausgestattet und hatte einen noch größeren Zusatztank von 1.800 Gallonen. Sie landete am 2. Juli 1997 auf Howland Island. Sie sagt später, dass das Ausmachen der winzigen Sandbank selbst mit GPS erst auf den letzten fünf Meilen möglich gewesen sei.

Internet

http://www.ameliaearhart.com/
Die offizielle Earhart Website enthält ausser ein paar der bekannten Porträtbilder von Amelia Earhart, einer kurzen Biografie und Referenzen wenig vertiefende Information.

http://www.ameliaearhartmuseum.org/
Der Amelia Earhart Birthplace Museum Weblink ist im wesentlich ein Link zu einem kleinen Earhart Museum im Haus ihrer Geburt (das Haus ihrer Großeltern) in Atchison, Kansas.
Adresse: 223 North Terrace Street, Atchison KS 66002

http://earchives.lib.purdue.edu/Sammlungs.php
Die George Palmer Putnam Sammlung of Amelia Earhart Papers der Purdue University in West Lafayette, Indiana, ist wohl die umfangreichste aller Earhart Sammlungen und enthält mehrere Hundert Bilder, Zeitungsausschnitte und andere Schriftstücke, die am Bildschirm auch vergrößert zu betrachten sind.

http://www.tighar.org/
TIGHAR steht für "The International Group for Historical Aircraft Rescue". Die TIGHAR Website liefert Informationen zur aktuellen Suche entsprechend der TIGHAR-Hypothese, welche die Suche auf Nikumaroro konzentriert. Aber auch andere Suchaktivitäten werden hier dokumentiert und kommentiert. Zusätzlich lassen sich Unmengen an Hintergrunddetails durchforsten.

http://nauticos.com/amelia.htm
Website von Nauticos LLC mit Informationen zu den ersten beiden Tiefseeexplorationen der Nauticos entsprechend der Long Hypothese. Seit die letzte Tiefseesuche 2009 vom Waitt Institute übernommen wurde, gibt es hier keine aktuellen Neuigkeiten mehr.

http://searchforamelia.org/intro
Website des Waitt Institutes, die ganz der Suche nach Amelia Earhart gewidmet ist. Die Website liefert Informationen zur aktuellen Suche nach Earharts Elektra, wobei man sich entsprechend der Hypothese von Elgen Long auf die Tiefseesuche bei Howland Island konzentriert. Die Website enthält ähnlich wie TIGHARs Website detaillierte Hintergrundinformationen zum Thema und bietet sogar die Möglichkeit, die Resultate der Tiefseesuche von 2009 am PC nachzuvollziehen.

http://wid.waittinstitute.org/
Hauptseite des Waitt Institutes.

Abbildung 1: links: Amelia Earhart (1929), rechts: Hillary Swank als "Amelia" (2009)

Neuer Amelia Earhart Film kommt in deutsche Kinos

Nach dem Film 'Flight for Freedom' aus dem Jahr 1943 und 'Amelia Earhart: The Final Flight' 1994 ist in den USA im Oktober letzten Jahres der dritte Kinofilm 'Amelia' erschienen, der ab Juni (Start: 17. Juni 2010) nun auch in deutschen Kinos zu sehen sein wird. Thematisiert wird die Lebensgeschichte der amerikanischen Aviatrice Amelia Earhart, die in den 1930er Jahren mit einigen Rekordflügen weltberühmt wurde und bei ihrem Versuch, zusammen mit Navigator Fred Noonan die Welt am Äquator mit einem Landflugzeug zu umfliegen, auf ihrem drittletzten Leg von Lae in Neuguinea nach Howland Island, einer winzigen Insel im Pazifik, seit dem 2. Juli 1937 verschollen ist.

Regie beim neuen Film führte die in New York lebende Inderin Mira Nair ("Monsoon Wedding", Vanity Fair"), wobei Elgen Longs Buch „The Mistery Solved" als Vorlage für die Darstellung von Earharts Weltumrundung gedient haben soll.

Amelia wird dargestellt durch Hillary Swank, die hierzulande wohl am ehesten durch ihre schauspielerische Leistung neben Clint Eastwood in dem Film 'Million Dollar Baby' bekannt sein dürfte. Sie stellt sich damit als Dritte in dieser Rolle in einer Reihe mit Katherine Hepburn und Diane Keaton. Im Unterschied zu ihren Vorgängerinnen besitzt sie allerdings eine erstaunliche Ähnlichkeit zu Amelia, sowohl beim Aussehen als auch beim eher burschikosem Typ.

Der Film war bereits ab Oktober letzten Jahres in den USA zu sehen. Seit Februar gibt es in USA die DVD zum Film.

Abbildung 1: links ein Originalfoto, rechts die Filmattrappe
(Quellen: links: Purdue University Collection, rechts aus den veröffentlichten Filmszenen)

Nun, zunächst einmal ist es eine Hollywood-Produktion und dabei steht Entertainment weit vor historischer Genauigkeit. Wer z.B. 'The Aviator' gesehen hat und George J.Marretts Buch über Howard Hughes parallel dazu gelesen hat, kennt den drastischen Unterschied zwischen filmischer Darstellung und Wirklichkeit.

Zentrale Themen im ersten Teil des Films sind Earharts zwei Atlantiküberquerungen, zuerst 1928 zusammen mit Bill Stultz und Slim Gordon als weiblicher Passagier in der dreimotorigen Fokker Friendship, später dann im Jahr 1932 solo mit ihrer Lockheed Vega (mit einer wirklich idiotischen Rückblende, in der Earhart auf einem Pferd neben einer startenden Bleriot reitet).

Richard Gere spielt die Rolle des Verlegers George P.Putnam, der im Unterschied zum echten Putnam weniger grantig mit dem für Gere typischen Charme daherkommt. Die sich entwickelnde Liebesbeziehung zwischen Earhart und G.P. führt dann zur Hochzeit mit dem besonderen Ehevertrag, der in die Geschichte einging. Allerdings kann man dem sechzigjährigen Gere die Rolle des Liebhabers nicht mehr wirklich abkaufen, die Szenen wirken bei diesem Altersunterschied (36/60), sorry, zum Teil eher peinlich.

Die Tatsache, dass Putnam noch verheiratet ist, als er um Amelias Liebe wirbt, wird unterschlagen (tatsächlich wurden etliche Szenen mit G.P.'s Ehefrau gedreht und später herausgeschnitten).

Der Film zeigt im mittleren Abschnitt - leider viel zu lang - Szenen aus ihrem Privatleben. Earhart, der es in ihrem Leben immer um die persönliche Freiheit in Bezug auf ihre Verhältnisse mit beiden Geschlechtern ging, wird dabei bis auf eine Affäre mit Eugene Luther Vidal (Ewan McGregor) viel zu brav dargestellt. Dass Vidal zur Zeit der Affäre bereits verheiratet ist, wird ebenfalls unterschlagen (auch hier wurden entsprechende Szenen gedreht und später herausgeschnitten). Ein einziger Kommentar zu den schönen Beinen einer Frau am Nachbartisch deutet ein wenig auch ihre anderen Neigungen an.

In Szene gesetzt wird ihre Rolle als zentrale Medienfigur der damaligen Zeit. Sie hielt bekanntlich Vorträge, vermarktete sich überaus erfolgreich in Presse und Rundfunk, mit Unterstützung ihres Ehemannes, der als Publizist natürlich wusste, wie so

Abbildung 3: Veröffentlichte Szenenbilder des Filmes (Quelle: http://www.cinestar-imax.de)

etwas geht. Nair zeigt sie in einer Szene sogar wie Patton vor einer übergroßen amerikanischen Flagge. Auch die Earhart Kofferkollektion der damaligen Zeit wird nicht ausgelassen.

Bei den Flugzeugen leistet sich Nair ein paar Ungenauigkeiten, die aber im Großen und Ganzen zu verschmerzen sind. Eine Tiger Moth muss stellvertretend die Rolle ihres Kinner Doppeldeckers übernehmen. Bei allen Lockheed Electra Flugzeugen handelt es sich ausnahmslos um das kleinere Modell 12, da man die weltweit noch vorhandenen Flugzeuge vom größeren Typ Lockheed Electra 10E an einer Hand abzählen kann. Dass die Direction Finder Antennen einmal unten und einmal oben montiert sind, mag da nicht weiter wundern. Wirklich störend ist dagegen der vielfach katastrophale Motorensound, statt Sternmotorengenuss hört man andere Motorgeräusche, Marke Nähmaschine.

Abbildung 4: Bendix RA1-B/DU-1 von 1941 (Quelle: Radiosammlung Antonio Fucci, Italien)

Der dritte Abschnitt befasst sich mit Earharts unvollendeter Weltumrundung inklusive des letzten Flugs (tatsächlich sind einzelne Szenen aus einzelnen Legs bereits in die früheren Abschnitte des Films hineingeschnitten). Historisch absolut nicht korrekt und eigentlich unverzeihlich ist die Art und Weise, wie Nair dies schildert. Da ist zum einen die historisch falsche Darstellung von Fred Noonan, der als wenig professioneller Navigator mit einem Alkoholproblem präsentiert wird (diese Unwahrheit wurde von einigen Autorinnen der Frauenbewegung immer wieder verbreitet und ist anscheinend nicht mehr zu korrigieren). Zudem wird sein Charakter im Film überhaupt nicht entwickelt, seine Rolle ist mehr als nebensächlich.

Bei der Problematik der navigatorischen Herausforderung, die winzige Sandbank Howland Island bei einem Flug von mehr als 2.200 NM über Wasser zu finden, lässt Nair den Zuschauer allein im Regen stehen, es gibt nahezu keinerlei hinführende Erklärung. Insbesondere der Direction Finder, Earhart verwendete den weltweit ersten Vorläufer des späteren ADF, taucht nie auf, obwohl sie ihn später zumindest andeutungsweise benutzt. Man geht wohl davon aus, dass der normale Zuschauer es sowieso nicht verstehen würde.

Den ersten Leg von Oakland nach Hawaii, bei dem neben Fred Noonan auch Harry

Manning (Radionavigation) und Paul Mantz (technischer Berater) an Bord waren, stellt Nair nur als Zeitungsmeldung dar, obwohl gerade hier die Chance bestanden hätte, den Direction Finder, auch für den Normalzuschauer verständlich, in Aktion zu zeigen. Der Startcrash auf Hawaii ist gut gelungen uns es sieht so aus, als hätte man hierfür eine Electra Model 12 wirklich geschrottet, allerdings ist der Radionavigator Harry Manning nicht mit an Bord, was historisch falsch ist.

Eine Szene vor Earharts Abflug von Lae, Neuguinea, in der sich Earhart auch noch im Flüsterton über Sprechfunk zwischen Lae und San Francisco (ca. 11.000 km) unterhalten, muss selbst der Normalzuschauer für einen schlechten Scherz halten. 1937 war eine solche Sprachverbindung vollkommen unmöglich.

Die Darstellung des letzten Fluges selbst und die Kommunikation mit der Ithasca ist, auch vom filmischen Handwerk her, miserabel. Der 23stündige Flug wird mit nur wenigen Bildschnitten im Rekordtempo durcheilt. Man hat den Eindruck, dass Nair diese Szene nur schnell in den Kasten kriegen wollte. In der Phase, als Earhart zum ersten Mal wirklich erkennt, dass für sie Todesgefahr besteht, bleibt sie in Nairs Film relativ cool wobei Noonan im hinteren Teil des Flugzeuges zusammenzubrechen beginnt. Tatsächlich ist es durch mehrere historische Zeitzeugen belegt, dass sie es ist, die durchdreht. Aber das passt nicht zum Heldenepos, die historisch korrekte Darstellung muss daher geopfert werden. Gut gelungen ist Nair das Filmende ohne jegliche Spekulation.

Gesamtkritik

Mira Nair leistet sich eine Fülle von Ungenauigkeiten. Der Film trifft aber auch Amelias Charakter nicht richtig, weder als Pilotin noch als Mensch. Ihre fliegerischen Fähigkeiten werden überzogen positiv dargestellt, obwohl sie nach Beurteilung damaliger Zeitgenossen bestenfalls Durchschnitt waren. Im Film turnt sie als Kunstfliegerin am Himmel, obwohl sie in Wirklichkeit noch nicht einmal Steilkurven fliegen mochte.

Im Großen und Ganzen krankt Nairs Film an Bibliografitis, sie will alles darstellen und am Ende bleibt nur eine Sequenz von unzähligen Oberflächlichkeiten. Nair wäre sicher besser beraten gewesen, wenn sie im Film nur Earharts Versuch einer Weltumrundung als alleiniges Thema dargestellt hätte. 'Amelia' ist kein Film für Piloten und es ist auch kein Film zur Luftfahrtgeschichte. Wer so etwas erwartet, wird zwangsläufig enttäuscht werden.

Trotz all dieser Kritikpunkte an Nairs Film kann man ihn ansehen, auch da es nicht viele Filme zu Luftfahrtthemen gibt. Da sind zum einen die im Film eingestreuten Originalaufnahmen, die sehenswert sind. Er enthält zudem einige traumhafte Flugaufnahmen (gedreht hauptsächlich in Südafrika) und auch die damalige Zeit wird mit der herrschenden Mode und dem sonstigen historischem Umfeld sehr gelungen ins Bild gesetzt. Über all die geschilderten Unzulänglichkeiten muss man hinwegsehen und den Film als das nehmen, was er ist: ein Hollywoodschinken. Glücklich darf man sich schätzen, dass der Film in indischer Regie wenigstens keine Gesangseinlagen der Schauspieler enthält.

K.L.S. Publishing Juni 2010

Bildnachweis

Der Autor hat sich bemüht, sämtliche Rechteinhaber ausfindig zu machen. In einigen Fällen ist dies leider nicht gelungen. Hinweise werden dankend entgegengenommen. Sämtliche Abbildungen, die Flugkartenausschnitte enthalten, sind nicht für Navigationszwecke geeignet, die Nutzung zu Zwecken der Navigation ist untersagt.
Liste der verwendeten Photos:

Aerofiles.com S.18; Associated Press S.13; Antonio Fucci Collection S.80; Chris Johnson S.56; Elgen Long S.19, 65, 66; FBI Archiv S.172-174; Fred Goerner S.63; Frederick J. Hooven S.61; Linda Finch S.179; Lockheed Werke S.28, 41, 42; Louise Thaden S.24; Nasa Satellite Images S.57; Nauticos S.67; Mit freundlicher Genehmigung der Purdue Universitätsbibliothek, Archive und Spezialsammlungen (Courtesy of Purdue University Libraries, Archives & Special Collections) S.17, 22, 23, 25, 29, 37, 40, 51; Sadler S.107; Spaceimaging.com S.70; Steven Pitcairn S.26; Ric Gillespie, TIGHAR S.43, 45, 47, 50, 53, 72, 73; unbekannte Quelle S.16, 34, 35, 59, 96, 111, 119, 126, 155; US National Archiv S.162-168; US Navy Archiv S.62, 84, 157; Waitt Institute S. 58, 68, 69; Wide World Foto S.44, 64; Wisconsin Automotive Museum S.21.

Abkürzungen

ADF	Automatic Direction Finder, automatisches Funkpeilgerät
Fuß, foot, ft	Höhenangaben erfolgen in der Luftfahrt in Fuß, 1 ft = 12 inch. = 30,48 cm
Groundspeed	Tatsächliche Geschwindigkeit über Grund
EGT	Exhaust Gas Temperature = Abgastemperatur
IAS	Indicated Airspeed (am Fahrtmesser angezeigte Fluggeschwindigkeit)
ISA	ICAO Standard Atmosphäre
KIAS	IAS in Knoten
Knoten, Kt, kts	1 Knoten = 1 NM pro Stunde = 1,852 km/h
KTAS	TAS in Knoten
MP	Manifold Pressure = Ladedruck (in inch Hg)
mph, mi/h	miles per hour, Landmeilen pro Stunde 100 mph =160,934 km/h
NM	Nautische Meile (1 NM = 1,852 km)
RDF	Radio Direction Finder, Funkpeilgerät
TAS	True Airspeed, wahre Fluggeschwindigkeit, Die TAS ist die um den Luftdichteeinfluß korrigierte Flugge-schwindigkeit gegenüber der Luft, sie nimmt pro 1.000 ft Höhe ggü. der IAS um ca. 2% zu
UTC	Universal Time Coordinated, andere Bezeichnung für Green-wich Mean Time, die Zeit auf dem Nullmeridian

Elemente der Originalfunkprotokolle der Itasca

A2	MCW (modulated carrier wave)
A3	radiotelephone; voice = Sprachübertragung
AAAAA	Buchstabe ‚A' in Morsecode (dit dah, dit dah, dit dah,...)
ABT	About = ungefähr
ABVE	Above =
ACKN	Acknowledge = Bestätige
ANS	Answer = Antworte
APPX	Approximately = ungefähr
AR	Respond = Erwidere
AS	stand by, wait = Warten sie
B	Did you receive? = Haben Sie das empfangen ?

BRDCST	Broadcast = Sendung an alle Stationen
CARRIER	carrier wave; basic radio signal = Trägerwelle
CLDY	Cloudy = wolkig
CLNG	Calling = Ich rufe..
CODE	morse code = Morsecode
CRM	Chief Radioman = Cheffunker (Leo G. Bellarts)
CW	continuous wave, Morse code = Morsecode
DE	von (bei Morsecode)
DPE	dope; information = information
DU	do you = Frageeinleitung
ER	Funker Frank Cipriani (auf Howland Island)
ES	And = und
FER	For = für
FM	From = von (bei Sprechfunk)
FONE	radiotelephone; voice = Sprechfunk
GA	Go ahead = Antworten Sie ..
HR	Hear = Ich höre
HRO	Howland Radio Operator (Frank Cipriani)
HW	How = Wie
INT	Unterbrechung
KCS oder K	Kilocycles = kHz
KEY	telegraph key = Morsetaste
KHAQQ	Funkkennung der Electra
LISSEN, LSNIN	Listen, Listening = Hören (im Sinne von Hineinhören)
LNG COUNT	long count. Sprechfunk wobei der Sprecher von 1 bis 10 zählt und dann wieder zurück
MEGS	Megacycles = MHz
MIC	Microphone = Mikrophon
MSG	Message = Nachricht
N	North = Norden
ND	nothing doing; no response = keine Antwort
NIJP	Funkkennung USS Swan
NIL	nothing
NMC	Funkkennung Coast Guard Headquarters San Francisco
NPM	Funkkennung U.S. Navy Radio, Wailupe (Honolulu), Hawaii
NPU	Funkkennung U.S. Navy Radio, Tutuila, American Samoa
NRUI	Funkkennung USCG *Itasca*
NRUI2	Funkkennung Navy Direction finder auf Howland Island.

NRUI3	Funkkennung Itasca's Direction finder.
NW	now
P	Priority = Priorität
POSN	Position
PSE	Please = Bitte
QRJ	Are my signals weak? = Sind meine Signale schwach ?
QRM	manmade interference; conflicting signals = Interferenzen
QRU	Have you anything for me? = Haben Sie etwas für mich?
QSA	Signalstärke 1 (sehr schlecht) bis 5 (bestes Verstehen)
QSO	signal transmission = Sendung
QSY	Change to transmission on ______ kcs. = Wechsle zu .. kHz
R	Received = Empfangen
RELD	Relieved = (Frequenz) verlassen
REPT	Repeat = Wiederholen Sie..
RM3C	Radioman 3rd Class = Funker 3ter Klasse
RPTING	Repeating = wiederhole dauernd
S	South = Süden
S5	Signalstärke 5 (Maximal)
SEZ	Says = sagt
SIGS	Signals = Signale, Sendung
SKD	Scheduled = zeitlich geplant
T16	Der Sprechfunksender T-16 der Itasca
TT	That = ..das
U	You = Sie..
UNANSWD	Unanswered = ohne Antwort
UNHRD	Unheard = kein Empfang
UR	Your = Ihr..
VA	Keine weiteren Nachrichten
VY	Very = sehr
WEA, WX	Weather = Wetter
WGEN	Kommerzielle Funkstation in Mariposa, California
WID	With = mit
WL	Will = werde
WRK	Work = Arbeit
XMISION	Transmission = Sendung
XMIT	Transmit = senden
Y	Reply = erwidern, antworten

Autor

Klaus L. Schulte lebt in Köln. Nach dem Studium der Mathematik und Physik war er als Mathematiker jahrzehntelang bei verschiedenen namhaften Unternehmen in der Softwarebranche tätig, als Systemprogrammierer, Projektleiter, Marketing- und Produkt-Manager, zwei Jahre arbeitete er in San Francisco, USA. Er ist freier Journalist und Privatpilot. Neben dem vorliegenden Buch hat er weitere Fachbücher geschrieben und mehr als einhundert Fachartikel im Magazin ‚*PilotundFlugzeug*' veröffentlicht.

Weitere Bücher vom selben Autor sind bei K.L.S. Publishing erschienen.
Siehe: http://klspublishing.de

Printed in Poland
by Amazon Fulfillment
Poland Sp. z o.o., Wrocław